中国通史故事

传疑时代·夏·商·西周

徐 潜 主编

吉林文史出版社

图书在版编目（CIP）数据

中国通史故事.传疑时代·夏·商·西周/徐潜主编.——长春：吉林文史出版社.2010.5（2020.8重印）

ISBN 978-7-5472-0204-3

Ⅰ.①中… Ⅱ.①徐… Ⅲ.①中国—通史—通俗读物

②中国—上古史—通俗读物③中国—古代史—夏代—通俗读物

④中国—古代史—商代—通俗读物⑤中国—古代史—西周时代—通俗读物 Ⅳ.①K209

中国版本图书馆CIP数据核字（2010）第074352号

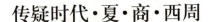

中国通史故事

传疑时代·夏·商·西周

出版人/徐 潜

出版发行/吉林文史出版社（长春市人民大街4646号）www.jlws.com.cn

主编/徐 潜

项目负责/崔博华

责任编辑/王非 崔博华

责任校对/李洁华

装帧设计/李岩冰 刘冬梅

版式设计/柳甫泽

印刷/北京一鑫印务有限责任公司

版次/2010年6月第1版 2020年8月第4次印刷

开本/720mm×1000mm 1/16

字数/250千字

印张/12

书号/ISBN 978-7-5472-0204-3

定价/36.00元

拨开洞穴中的灰烬，依稀可见火光在四壁投下的阴影。倾听伏羲神农的传说，似可想见先民生存的艰辛。夏桀无道，成汤吊民伐罪，取而代之。"天命玄鸟，降而生商"。盘庚迁殷，四处游移的都城，从此有了定所。殷商杳杳，拂去甲骨上的尘埃，那笔画质朴的文字，不觉已伴随华夏千年。文王治岐，天下归心，三分天下有其二，仅在弹指百年间。周命维新，圣人辈出。文王拘而演《周易》，武王伐纣，《牧誓》长流传。

何谓"传疑时代"？一般又称为传说时代或史前时代，指有文字记载的历史时期出现之前的时期，与历史时代相对。由于那时还没有文字记载，很多历史内容只能靠先民一代又一代的口耳相传。尽管在流传中加入了很多神话内容，但仔细分析，其中仍有历史事实的影子，所以在考证上古历史内容时，传说仍有其重要意义。中国的传说时代下限大体在盘庚迁殷至武丁这一时期，而上限则未可知。故而"传疑时代"与所谓的史前时代如何上下衔接，或者如何揭示它们之间的关系，便是古史学家与人类学家共同的极重要也极困难的任务了。传说大都有其历史的核心，也都有其史实渊源。它是未经后人加工过的零散资料，相比经过加工过的系统化的"正史"中的史料，更为可信。因而，研究传说，应力求"透过现象抓住本质"，敏锐地从传说中捕捉历史的真相。

黄帝以前的传说史料虽不丰富，却也大致有一个历史的宏观脉络。从《庄子·杂篇·盗跖》可以看出，黄帝之前有三个时期：第一时期的人叫做"有巢氏之民"，当时的人"昼拾橡、栗，暮栖木上"；第二时期的人叫做"知生之民"，当时的人"不知衣服，夏多积薪，冬则炀之"；第三时期叫做"神农之世"，当时的人"卧则居居，起则于于，民知其母，不知其父"。

据此我们不难看出，在第一个时期，虽以"有巢氏之民"称之，但"昼拾橡、栗，暮栖木上"显然还是猿的习惯，第二个时期有了火这个重大发明，第三个时期"民知其母，不知其父"，很明显已经进入了母系氏族公社阶段。尽管这仅是从单一史料中摘出的，但也可以看出古人对于上古有着非常清楚的理解，也表明人类最初的记忆，比我们想象的还要久远。所以，虽然没有自然科学的佐证，至少在传说这个领域，传疑时代与史前时代已经大致显现出连接的脉络。

这就是说，在人类的最初阶段还是猿人，智力仅仅是刚刚萌芽，就已经有了茫昧的记忆。当然,这段历史时期非常的长,而且其中部族和氏族的融合与变化也很慢,以致不怎么惹人注意。我们的先民即使曾注意到这些事情,也一定会觉得这是很自然的。这些对他们那朴素的心灵刺激很浅,所以时过境迁就完全忘掉了。因此,让他们印象深刻、传播久远还无法忘掉的是寥寥几件突然爆发的大事件,尤其是能让他们的生活发生极大变化的事情。比如大规模的迁徙,环境方面巨大的变化等等。后世的学者容易以他们当时的实际情况去推测传疑时代也是大一统的天下,但凡比较有名的氏族名号就会被认为是一个"有天下者",而事实上则很可能是氏族林立,人亡政息,任何一个氏族都不太可能独有天下。

穿过炎黄之前历史的迷雾,此后的历史,尽管还有些争论,但大体上已经形成很清晰的脉络。

夏朝,是中国史书记载的第一个世袭王朝,一般认为夏朝是一个部落联盟形式的国家。中国历史上的"家天下",就是从夏朝开始的。夏王朝是中国历史上的第一个重要王朝,据史书记载,自唐、虞至夏、商、周三代皆属封建时代,帝王与诸侯分而治之。这一时期的文物中有一定数量的青铜和玉制的礼器,所以其文明程度高于新石器晚期。

商朝是中国历史上的第二个朝代,从大约公元前17世纪到公元前11世纪,经历了三个大的阶段。第一阶段是"先商",第二阶段是"早商",第三阶段是"晚商"。前后相传17代31王,延续600年时间。总的说来,商朝处于奴隶制的鼎盛时期,奴隶主贵族是统治阶级,形成了庞大的官僚统治机构和军队。奴隶主对奴隶既可以买卖,也可以任意杀死;奴隶主死后还要让奴隶殉葬,从商朝帝王显贵们的陵墓中我们可以看到,殉葬的奴隶少则几十,多则上千。

在中国古代的历史上,周朝的统治很有特点,主要有四大制度:封建制、宗法制、井田制与礼乐制,对以后的社会有很大影响。周朝享国约800年,为中国历史上最长的朝代,从公元前1046年到公元前256年,共传30代37王。可分为西周和东周两个时期,东周又分为春秋和战国两个时期。西周建都镐京,到公元前771年结束。第二年,周平王迁都洛邑,开始了东周的历史。周朝各诸侯国的统治范围包括今黄河、长江流域和东北、华北的大部。

目　录

传疑时代·夏·商·西周 目录

中国通史故事

目 录

盘古开天辟地

　　我们现在生活的世界，是一个多么美好的世界！白天，当明媚的阳光撒满大地的时候，雄伟的山峦、广袤的平原、浩瀚的江河、无垠的大海都会随着季节的变换，呈现给你一幅壮美而又绚丽的画面。当夜幕降临以后，天边那恬淡的新月随着时日的流转，或圆或缺。有时是一钩弯镰，有时是一帧玉盘。围绕在她身边的星星就像深蓝色幕布上镶嵌的银宝石，排列成数不尽的奇异幻景，又给了你无限的静谧和安适。天空总能为你送来适时的风霜雨雪，大地总能为你奉献出取之不尽的宝藏。但是在很古很古的古代，距今不知有多少亿万年以前，我们所生活的这个世界，并不如今天这么美好！

　　那时候，天还没有形成为天；地也还没有形成为地。天地混合在一起被一个无法比拟的圆球体的大硬壳包容着。古人说"天地如鸡子"，不过这

个鸡蛋太大了。在这个有如鸡蛋的大圆球之中，孕育着一个伟大的胚胎，他的名字叫做盘古，盘古发育得很快，每天他都能长高一丈。这

样不知经过了几千万年，这个有如鸡蛋的无法比拟的大圆球已经容纳不下他了。于是他用头顶尾击，打碎了包在他身外的硬壳，像小鸡拱出蛋壳一样，从那个无法比拟的大圆球中跳了出来。跳出大圆球的盘古，他的头长得就像龙的头一样，他的身体长得就像蛇的身体，他一生下来就具有千变万化的神通，每天他都让自己变化成七十多种形象。人的形象就是他诸多变化中的一种，而盘古最终也选择了人的形象作为他永恒的形象。

当盘古用头和尾击碎圆球硬壳的那一刹那，世界也发生了空前绝后、惊心动魄的变化。在圆球中的物质，由于没有了硬壳的束缚，其中清轻的物质冉冉上升，形成了蔚蓝色的天空；浊重的物质渐渐沉降，形成了大地。但那时候的天空只是蓝蓝的一片，根本没有什么日月星辰；大地也只是光秃秃的一片，根本没有什么山川湖泊、花草树木、鸟兽鱼虫。天空和大地都是苍凉孤寂的，盘古也是孤寂的。这种孤寂和难耐，使盘古想要再创造一个美好的世界。那时候他虽然已经具有了千变万化的神通，但他还没有具备将本身之外的物质变化为随心所欲的形体的神通。他很想在天空点缀上日月星辰，在大地点缀上山川湖泊、花草树木、鸟兽鱼虫。但用什么办法才能做到呢？他想啊想啊，想了一万八千年，最后他想：既然我自己可以千变万化，何不牺牲了自己去点缀这个世界呢？

盘古静静地躺在由他自己开辟的天地

之间，开始筹划着如何再创造一个更新更美的世界。他决定把自己的左眼化为金光四射的太阳，让它高高地悬挂在天空上，把光芒撒满大地；让自己的右眼化为皎洁的月亮，把柔和的清晖送给万物；让自己的胡须和头发化为星斗，让它们陪伴在月亮的左右；让自己的四肢化为大地边缘四角的四根擎天大柱，使天地永远不能再相合为一处；让自己的头颅、躯干的突起部位和筋脉化为高山大峰和起伏不平的丘陵，使大地更富有起伏跌宕之感；让自己的血液化为江河海洋，用以滋养鱼鳖虾蟹；让自己的肌肉化为田土，用以培育花草树木；让自己的牙齿化为金石，用以为兽类构筑坚固的洞穴；让自己的精髓化为珠玉，用以为金石增色；让自己的汗水化为雨泽，用以滋润大地，让自己的呼吸化为流动的风，用以为花草树木活动筋骨和传播种子，以使其生生不息；让自己的声音化为震天的雷声，用以警示世间的生物不得做出伤天害理的勾当；让自己身上的寄生虫化成鸟兽虫鱼，让它们充实山川湖海，使大地更有生机。

盘古做出了上述决定之后，他又想：天地不能总是那样的喧闹不安，应该让它有动亦有静。于是他又决定天地既有白天也有黑夜，让太阳在白天值班，让月亮和星辰在夜晚值班。于是盘古按照自己的意愿，牺牲了自己。盘古死了，但他却留下了一个丰富多彩的美好世界。

女娲造人

　　盘古死了，他牺牲了自己，创造了一个多姿多彩的世界，但他也留下了一个最大的遗憾，那就是：他用肉体化生了世界上的万物，却忘记用他身体的一部分去化生人类。所以在他死后的一万八千多年间，世界上什么都有，就是没有人类。

　　盘古虽然死了，但他的灵魂却没有死，他的灵魂成为人类历史上的第一位大神——盘古大帝。盘古大帝以其飘飘渺渺、变幻多端的神通统驭着世界。当他看到由他所创造的世界因为缺少人类的存在，而使世界再也没有了创造力的时候，他感到非常悲哀，忍不住流下了伤心的眼泪。盘古的眼泪化作了细雨洒遍世界各地，盘古透过他自己的泪雨，用他无所不见的神眼观察着自己创造的美好世界，当他的目光扫过大地中央的时候，他不由得笑了。原来在他把自己的各种器官都分别化生为万物的时候，却忘记了自己的心脏，那颗心脏还在大地的中央突突地跳动。于是盘古来到了这颗心脏的身旁，用手抚摸着这颗心脏说："我要让你化生成一个最美丽的女人，从今以后世界上再出现的女人

谁也美不过你；我要让你不仅是最美的女人，而且要和我一样能够勇于牺牲自我，舍生忘死地去创造美好的世界；我要让你具有能够用大地上的泥土创造人的神通，并能创造出男人和女人，让他们自己生殖繁衍。"然后他就守候在这颗心脏旁边，日以继夜地采集日月的精华、山川的灵气去培育这颗心脏。

这样，又经过了一万八千年，这颗心脏终于化育了一个美丽的女人，盘古给她取了个名字叫做女娲。当女娲已经快要变成人形的时候，盘古想："我不能让她变成人形之后再见到我，我只能用我的神通去监察她的行为。自她而后，应该让人类知道他们的一言一行都有神灵在暗中监视，这样人类才能规规矩矩地生活。否则她见到了我，知道她是由我创造的，只有我能够毁灭她，那么当我离开她的时候，她还会对我心怀恐惧吗？自她而后，应该让人类知道在他们的周围总有神灵在暗中监视着他们，而他们又看不见这个神灵，即使神灵偶尔不在他们周围，因为他们心怀恐惧，也不敢不规规矩矩地生活。"想到这里，他拍了拍即将变成人形的女娲说："记住，你的名字叫女娲，你和你创造的人在生到世界上以后，在潜意识中就有神灵主管世界的观念，终生都要按照神灵的意志去规范人生。"为了让女娲不忘记他所嘱咐的话，他在女娲的丹田之处点了一指，用这一指的神通，贯通了人神之间那种似真似幻的联系。这一指点到之处就是人类的肚脐，后来人

◎女娲庙◎

在发育成形之前都要靠脐带供给营养，人与神的联系也由此先天注入了。盘古做完了这一切就悄然离去了。

　　女娲在山水的轰鸣声中睁开了眼睛，在清风吹拂之下站了起来，她环顾周围美好的山川，感到万分的惊喜，她的脸放射着光彩，她的笑容美丽灿烂，她美极了，在她以后的人们绝不会想象出那是怎样一种美。她漫步在山川林莽之间，溪水在脚下流淌，鱼儿在水中遨游，鸟儿在树上歌唱，野兽在山川平原上奔突。然而她却像有着重重的心事，在她的耳边总像有一个声音在提醒她："赶快去做你应该做的事。""我应该做什么呢？"她努力地去想，盘古在她身上种下的那种似真似幻的人神联系，使她终于想到："我应该创造一些和我一样形体的人，否则我活在这个世界上太孤单了。"然而我又是一个什么样的形体呢？刚好脚下的溪水映出了她的影子，当那个影子随着她的移动而移动的时候，她终于

认定了那溪水中的影子就是她自己。那么要怎样去创造呢？世间的一切物种只有泥土可以随意地捏搓，是最容易塑造成各种形状的。于是她开始采集泥土，用水和泥，开始了创造人的工作。

女娲是由盘古的心脏化生而成的，她有着先天的神通；泥土是盘古的肌肉化生而成的，也有着先天的灵气。女娲可以用先天神通和泥土的先天灵气造人，是她的先天神通和泥土的先天灵气结合的结果。后世的任何人都不可能用泥土造出人来，是因为后世之人都没有女娲的先天神通，况且自女娲以后，人类已经可以依靠自身去繁衍，也没有用泥土造人的必要了。

女娲先是像今天的雕塑家那样，用泥土去一个一个地雕塑，她比照在山间所见到的野兽有公有母那样，把人也雕塑成有男人和女人。在她的先天神通和泥土的先天灵气的作用下，她每雕塑成一个人，那个人就具有了生命，就活生生地进入了世界。就这样女娲一直不间断地用泥土雕塑着。直到有一天，她觉得这样塑造下去实在是效率太低，太累人了。于是她就在山上采集来野草，用野草搓成草绳，运起她的先天神通，把草绳甩到和好的泥里，在草绳粘满了泥浆后，就用力地向平原和山野甩去，草绳上的泥浆点点滴滴地落入山野和平原，每一滴泥浆都化生为一个人。从此女娲的造人速度加快了，效率提高了。当女娲觉得世界上的人数已经达到了她预期的目标时，她的造人工作也就停止了。

　　由于女娲在造人的过程中，采用的造人方法不同，世界上就出现了聪明的人和愚下的人。那些经过女娲精心雕塑而化生的人就成为了聪明的人，而那些用草绳沾泥浆随意甩落的人就成了愚下的人。

◎女娲像◎

伏羲与女娲

女娲号称娲皇，是一位充满传奇色彩的始母形象。女娲氏族发源地，文献不见记载，但根据伏羲与女娲的关系，女娲故里也应在古成纪范围内。郦道元《水经注》在讲到渭河支流葫芦河时特别提到该地古老的女娲祠。在葫芦河畔，与大地湾相距不远的秦安陇城镇，有女娲洞，又有女娲庙，祭祀女娲，陇城又称"娲皇故里"。女娲也以风为姓，至今其地有风台、风莹、凤尾村等地名，均与女娲氏有关。

链接 <<<

天干地支：在中国古代的历法中，甲、乙、丙、丁、戊、己、庚、辛、壬、癸被称为"十天干"，子、丑、寅、卯、辰、巳、午、未、申、酉、戌、亥叫作"十二地支"，两者按固定的顺序互相配合，组成了干支纪法。从殷墟出土的甲骨文来看，天干地支在我国古代主要用于纪日，此外还曾用来纪月、纪年、纪时等。

女娲神话分为两个系统，第一系统中的女娲并无配偶，先人类而生。她的功业一是造人，二是补天。相传女娲依照自己的形状，捏黄土造人，造好后就会说话，成了活人，后来女娲造人累了，便用藤条抽打黄泥，甩了的泥点子也变成了人，会咿咿呀呀地说话。因为她是用黄土造人，所以中国人是黄皮肤。并且，黄土中最养人的地方就在天水，所以从传说中也可以知道中国北方文明起源于西北地区，而后向东、向南传播。另一个是补天。天破了的原因很多，但是女娲真是一位伟大的工程师，不辞辛劳，烧炼了数万颗五彩石，补在天的破洞上，使她的子民有一个舒服的生存环境。甚至传说被剩下的一块五彩石，又被曹雪芹演化出一本奇书《红楼梦》来。女娲积芦灰以止淫水，又断鳌足以立天四极，功勋卓著。最后积劳成疾，一睡而逝。第二则神话故事梗概，中西方都有。在远古时代，发生了一次大洪水。原因是人心逐渐被物欲侵害，不敬神灵上帝，于是降灾于人类。造成的后果在古埃及以及古巴比伦都有流传。不过，西方的是诺亚方舟，并且不时有人声称在土耳其的亚拉腊山上找到了诺亚方舟的残片。

中国的传说富有人情味。天和地是由雷公弟弟和哥哥高比，分别负责治理。一开始，倒也合睦相处，人民也能安居乐业。高比有一双儿女，儿子叫伏羲，女儿叫女娲。十分讨人喜欢，一家人生活得很快乐。随着生活生产能力的增强，人类开始不敬奉天神雷公。一天，有户人家竟然把狗头当猪头供奉雷公。雷公大怒，整整六个月不下雨，人们去求高比帮忙，高比偷来雨水，滋润土地。雷公很生气，就想用火雷劈死高比，却被高比用鸡罩活捉了。这种鸡罩，甘谷县白家湾乡古风台一带农村中仍有使用。材料用藤条或竹篾子，编法内含六爻八卦，十天干，十二地支，二十八星宿，六十四卦，三百八十四爻，真是奇妙无比。高比捉到雷公后，将他关在铁笼子里，到了第二天，他准备到集市上买香料，把雷公腌了当菜吃，临走，他嘱咐儿女："记着，千万不要给他水喝。"

高比走后，雷公装出十分痛苦的样子讨水喝，水的数量由一碗变成一口，伏羲和女娲还是不同意。最后雷公说："那么请把刷锅水给几滴也好，我快渴死了！"小兄妹犹豫片刻，决定用刷锅的刷把蘸几滴刷锅水，给雷公喝。

雷公喝了水，非常欢喜，一用劲，就听轰隆一声巨响，雷公撞破铁笼子飞了出来。小兄妹俩吓呆了，不知如何是好。雷公拔了一颗牙齿，交给他俩说："快拿去种在土里，如果遇到灾难，你们就藏在长出的果实里，可以保你们平安!"说完，雷公就升天而去。高比买了调味品回家，发现雷公逃脱，不禁失声道"大祸到了"。于是他打造了一艘大船，以防灾难从天而降。小兄妹俩依照雷公的吩咐，种下了雷公的牙齿，奇怪，牙齿发芽了。很快，到中午就长了叶子，傍晚开花结果，第二天，果子长成了一个大葫芦，兄妹俩用锯子锯开葫芦，掏出了里面的葫芦子，不大不小，正好容得下他俩。

第三天，风云突变，飞沙走石，暴雨从天而降。一时山洪暴发，洪水淹没了平原、丘陵。高比上了大船，小兄妹俩钻进了葫芦。洪水越涨越高，高比驾着大船，一直到达天门。他用手敲天门，敲门声响彻天空，天神害怕了，急忙喝令水神退水，顷刻间，雨止风停，洪水一落千丈，大地露了出来。高比的大船从天空中跌落在地上，摔得粉碎，高比也牺牲了。

葫芦落在了昆仑山上。昆仑山，即今甘肃东南部的西秦岭山区。兄妹俩从葫芦里出来，埋葬了父亲，在一起相依为命。大地经历了这次洪水，人类灭绝了，小兄妹俩却靠辛勤的双手，顽强地生活着。

时光荏苒，转眼间他

们长大成人了。他们感到很孤独，因为再没有其他人跟他们说话，并且如果他们死了以后，世上就没有了人，那么，这美好的世界让谁看呢？于是伏羲提出和女娲结婚，繁衍人类，但妹妹却不同意，说："我们是亲兄妹，怎么可以结婚呢？"伏羲说："如果我们不结婚，世上就不会再有人类了。"女娲一想也有道理，但还是想再看一看天意如何。他们商量着向上天占卜，占卜共进行了三次，第一次伏羲女娲在南北山上各点一堆火，如果升在空中的烟绞合在一起，就可以结婚。火着起来后，烟绞在了一起。第二次兄妹俩在南北两山往河谷里滚石磨盘，到河谷后如果两块磨盘贴合了，就表示可以结婚。结果磨盘也贴合了。第三次占卜时妹妹女娲提出一个建议，说："我在前面跑，你在后面追，如果追到我，咱俩就结婚，如果追不到就不能结婚。"于是兄妹俩绕树跑了起来。妹妹机灵敏捷，追了好久总追不到。伏羲智慧过人，他追着追着，猛不防把身一转，气喘吁吁的妹妹就一头撞进哥哥的怀里，再也挣脱不了，于是他们结婚了。

兄妹俩成亲不久，妹妹就生下了一个血红的肉球。夫妇俩觉得好奇，便拿刀子将肉球切成细小的碎块，把它包起来，带上天梯去玩。刚到半空，一阵大风吹来，把肉末吹得雪片似的飞向大地。更令夫妻俩惊讶的是，这些肉末落到地上变成了人，落到什么地方，便以那地方事物的名称为姓氏。就这样，世界上又有了人类。

◎女娲伏羲◎

链接 <<<

二十八星宿：我国古代天文学家把天空中可见的星分成二十八组，叫做二十八宿，东西南北四方各七宿。东方苍龙（也称"青龙"）七宿是角、亢、氐、房、心、尾、箕；北方玄武七宿是斗、牛、女、虚、危、室、壁；西方白虎七宿是奎、娄、胃、昴、毕、觜、参；南方朱雀七宿是井、鬼、柳、星、张、翼、轸。二十八星宿，又名二十八舍或二十八星它把南中天的恒星分为二十八群，且其沿黄道或天球赤道（地球赤道延伸到天上）所分布的一圈星宿，它分为四组又称为四象、四兽、四维、四方神，每组各有七个星宿，其起源至今尚不完全清楚。

女娲补天

黄帝在涿鹿之野战胜蚩尤之后，即被征召到天神那里成为主管农业的大神。黄帝一走，人间人类总统领的位置就出现了空缺。黄帝在位之时，曾在东、南、西、北四方，每方委任一位统领管理一方的土地和人民。其中南方的统领名叫共工，为人性如烈火，疾恶如仇。但由于他性情暴烈，总是不假思索地行事，南方就不如北方治理得那么好。北方的统领名叫颛顼，他

为人和善，善于思考，很得北地民众的爱戴。黄帝这一走，也没有指明让谁继承他的位置。共工和颛顼都想继黄帝之后成为人类的总统领。

可是这个大统领的位置只有一个，黄帝又没有决定让谁去当，而且那时候人类还没有发明选举制度，若是像蚩尤和黄帝那样再来一场涿鹿大战的话，双方百姓损失必多。共工和颛顼都是正直的

人，不愿将百姓拖入战火，于是他们决定在不周山上来一场单打独斗，谁胜谁就为总统领。

不周山在今昆仑山的极西极北之处，原本为盘古的右臂所化，它耸立在大地边缘的西北角上，山顶与天相接，是支撑天地之间的四根擎天柱之一。到了约定的时间，共工和颛顼在不周山的山坡上聚齐了，两人互致问候以后，就各展神通厮杀起来。这场大战一直打了七七四十九天，大战的详情因无人敢于前往观战，至今还不得而知，只是住在不周山下的老百姓，在这四十九天中，每时每刻都能听到山腰处不时发出轰天巨响，大地都为之震颤。到了四十九日的亥时，只听共工在山腰上大吼："战你不过，活着何用，不如触山而死，把总统领之位让于你吧！"又听颛顼大声阻止说："只要你不触不周山，我宁愿将总统领之位让于你。"这两位英雄一位是性如烈火，争战不胜宁愿死去，也耻于活在世间，但他粗心少虑，却不知此不周山乃为天柱，一旦折断后果不堪设想；一位是忠厚和善、心思缜密，比武虽胜，但知道如被共工触断天柱，那将给人类带来莫大灾难，于是他宁愿放弃总统领之位，也不愿共工去触不周山。但他的劝阻毕竟迟了一步，共工已倾全力以头触上了不周山。

不周山倒了，西北一角的天柱折了，紧接着由于天体失衡，东北、西南、东南三根天柱也咔咔碎裂断折下来。往昔盘古曾以其肠化为四条维系和固定天地的绳索，此时也由于天体的东倒西歪而被崩断了。一时间天上的日月星辰陨落地面，点燃了山林草原，山精野兽冲出山林草莽，四处为害，天河之水自天倾泻而下，大地一片汪洋，绝大多数人被大水淹没,水中巨兽逸出江河湖海,见人即噬。只有极少数的人,在天柱断折的那一刹那临危登高,才幸免于难。但家园被毁,家畜随波漂走,衣食无着,人们只能坐以待毙了。人类面临绝种的危险。

女娲自造人之后,即选一风景绝佳之处隐居起来,她白天忘情于山水之间,晚上秉烛抚琴,自得其乐,生活得好不惬意,就这样悠闲安静地过了几万年之久。一日她忽生奇想:"我乃盘古心脏所化,秉先天之灵气,具先天之神通,但我功力毕竟还有限,盘古可以开天辟地,而我却还不能改天换地,反正闲来无事,我何不再练奇功,激发自身潜能,有朝一日也可做一番惊天动地的事业。"自那一日起,她开始修炼起改天换地的奇功来。这一闭关,就又是一千多年过去了,就在共工怒触不周山的前一刻,她睁开了眼睛,自觉这一千余年中,她的神功已有小成,可以告

一段落了。她怀着喜不自禁的心情走出闭关室外，观望着满天星斗，神驰遐想。忽听得惊天动地的一声巨响，天塌了下来。这一刻，正是共工怒触不周山之时，随之所发生的一切，都被她收入眼底。当此之时，已不容她多想，急忙赶赴受灾最重的地区。

女娲心里明白，要制止这场灾难的继续扩大，唯有先止住天塌，她这一千余年来日夜苦练的改天换地神功，正好可在此时发挥作用。于是她运起神功，从大海里捉来一只开天辟地时在盘古身上寄生的动物化生的大龟，然后砍下了它的四足立于断折的四根擎天大柱之处，让其依旧化为四座山峰，稳住了天顶的下滑。这时这只被砍断四足的大龟已经没有用了，但女娲感念它在危急之时立下的大功，所以依旧将其放回大海。无奈它已无四足，不能游动，进入大海以后想到此生再无畅游四海的乐趣，不由一叹："既已舍掉四足为人类做了一件好事，不如好人做到底罢了！"于是在大海之内化为一个岛屿。

女娲重立擎天柱，天虽然已经不再塌陷了，但天顶多处已残缺不全，到处都有缺角开洞，天河之水仍在源源不断地向下倾泻。女娲就在大地上遍采五色之石，利用日精月华将其焊接到天顶的缺口处。在将天修补完好之后，女娲又将落于大地上的日月星辰重新置于天顶之上。至此女娲本应松口气了，但大地之上的洪水仍无处宣泄，残存的人民还局处一隅。如果没有大片膏腴之地供他们播种五谷，放牧牛羊，他们仍然不能生存下来。女娲又不辞辛苦，采集普天之下的芦苇堆积起来，取火点燃，把它们烧成灰，堵住了向四处肆虐的洪流，营造了大片膏腴之地。从此大地上就出现了三山、六水、

一分田的地貌格局。本来女娲还想多营造些膏腴之地，无奈芦灰已经用尽了。尽管大地上的土地面积少了一些，但由于都是芦灰生成的腐殖土，所以五谷的产量却比天塌之前还要高出许多，人们过上了安居乐业的生活。

北京猿人

在北京西南周口店附近的龙骨山上，有一个大岩洞。从1927年到1937年，特别是1949年中华人民共和国建国以后，我国科学工作者相继在这个洞里挖出了很多离奇古怪的东西。其中，共发现6个较完整的猿人头盖骨化石，有相当于四十多个人的各种遗骨化石和一百多种动物骨骼化石，有几万件很粗糙的石头工具，还有一层又一层的灰烬。灰烬里，掺杂着烧过的木炭、兽骨、朴树子、烧裂了的石头块……

龙骨山上为什么会有这些东西呢？原来，在五六十万年以前，有一群猿猴模样的人居住在这里。他们就是我们远古的祖先——"北京猿人"。有了人，就开始有了人类的历史。

大家知道，我国是历史悠久的国家，是人类的发祥地之一。早在170多万年前，远古的人类就劳动、生息、繁衍在祖国的大地上。在我国境内很多地方，如山西、陕西、河南、云南等地，都发现有原始人群活动的遗迹。周口店发现的猿人，因为是在北京附近，所以叫"北京猿人"，他们大约生活在60万年以前。1963年，在陕西省蓝田县发现了"蓝田猿人"。1965年，在云南省元谋县发现了"元谋猿人"。据有些科学家分析，"蓝田猿人"和"元谋猿人"是比"北京猿人"更早的人类。他们都属于原始社会早期的

> 我国地域辽阔，人口众多，历史悠久，是世界文明古国，也是人类最早的发源地之一。

> 首先是劳动，然后是语言和劳动一起，成了两个最主要的推动力，在它们的影响下，猿脑就逐渐地过渡到人脑。

人类。

关于人类的起源，过去有种种神话和传说。我国古代就有盘古氏"开天辟地"、女娲氏"抟土造人"的传说。其实，人类是由一种森林古猿经过几百万年演变发展来的。在"北京猿人"的身上还残留着许多猿猴的痕

迹呢。例如头盖骨低平，头骨较厚，眉骨粗壮隆起，嘴巴前伸，牙齿粗大，没有下颏，很像猿猴。但他们已经是人而不是猿了。这不仅是因为他们像现代人一样手脚分工，直立行走，更重要的是他们已经能制造工具，从事生产了。

人和动物的根本区别在于劳动。劳动在从猿到人的转变过程中起着决定性的作用。恩格斯说："劳动创造了人本身。""劳动是从制造工具开始的。"在周口店岩洞里挖出来的石头工具，就是"北京猿人"当时已经从事生产劳动的证明。

"北京猿人"的生产活动主要是采集和打猎，同时还要防御猛兽的袭击。在当时的条件下为了生存，他们学会了用石头制造工具。他们从附近的山沟里和河滩上找来破碎的石头作原料，用一块石头当石锤，把另一些石头打制成带尖的、带刃的、带棱的，用以砍伐树木，刮削木棒，割削兽皮，

◎石器时代稻粒◎

切割兽肉，挖掘可食的植物根块。这些石头工具在今天看来是十分简单、粗糙的。可是，当时的"北京猿人"就是凭着它们进行生产，同自然界进行斗争。原始人类使用经过加工制造的石器，这是一个飞跃。这标志着人类已经进行有意识的生产劳动，开始改造自然。由于主要生产工具是石制的，在考古学上称这个历史时期为"石器时代"。

打制的石器，称"旧石器"，后来在打制的基础上采用磨制的石器，称"新石器"。"北京猿人"处于"旧石器"阶段。在山西西侯度发现过180万年前的打制石器。

原始人类在同自然的斗争中，不断改造和利用周围的条件。"北京猿人"已经懂得用火并控制了火。他们把雷电燃烧树木的天然火引到岩洞里，轮流看守，一代一代地把火种保存下来。

学会用火，是"北京猿人"一个很了不起的创造。从此以后，人类在自然界的地位显著提高。黑夜，可以用火照明；天气寒冷，可以用火取暖；那些凶猛的野兽也不敢轻易来侵袭了。更重要的是，他们学会了用火烧烤兽肉和采来的果实。吃熟食，大大减少了咀嚼负担，缩短了消

©猿人洞©

化过程，增加了营养，促进了体质的进步和大脑的发达，增强了改造自然的能力。火的应用，使人类最后脱离了动物界。

那时候，原始人的生产能力还非常低下。他们只有依靠集体的力量同大自然进行斗争，才能得到生存和发

◎周口店遗址◎

展。因此，他们大约是几十个人自然地结合在一起，共同制造和使用生产工具，集体打猎，共同采集，得来的食物共同享用。"北京猿人"住在龙骨山的天然石灰岩山洞里，过着原始群居的生活。"原始群"是人类最早的社会组织。

在这种原始群体里，人们还处于杂婚状态。他们之间的两性关系，一般说来，是原始的杂乱关系。整个一群男性和整个一群女性互相婚配。古书上说"男女杂游，不媒不聘"，大概就是指的这种社会习俗。这样的群居、杂婚生活是与当时生产水平相适应的。

我们的远古祖先——"北京猿人"，就是这样凭着原始群的社会组织，发挥集体的力量，使用自己制造的石头工具，利用天然的火，顽强地改造着自然，也改造着自己的体质，在漫长的岁月里生存繁衍，创造了远古的文化，推动着人类社会向前发展。

◎新石器时代玉鸟◎

神农尝百草

神农氏是传说中的农业和医药的发明者。远古人民过着采集、渔猎生活，神农氏发明制作木耒、木耜，教人民进行农业生产，反映出中国原始时代由采集渔猎向农耕生产过渡的情况。又传说他遍尝百草，发现药材，治病救人。

继伏羲氏之后，神农氏是又一个对中华民族颇多贡献的传说人物。相传他除了发明农耕技术之外，还发明了医术，制定了历法，开创了九井相连的水利灌溉技术等。因为他发明农耕技术而号神农氏，因以火德王，故称炎帝、赤帝、烈(厉)山氏，又变成了与黄帝争天下的首领。

上古的时候，五谷和杂草长在一起，药物和百花开在一起，哪些粮食可以吃，哪些草药可以治病，谁也分不清。黎民百姓靠打猎过日子，天上的飞禽越打越少，地下的走兽越打越稀，人们就只好饿肚子。谁要生疮害病，无医无药，不死也要脱层皮。

老百姓的疾苦，神农氏瞧在眼里，痛在心头。怎样给百姓充饥？怎样为百姓治病？神农苦思冥想了三天三夜，终于想出了一个办法。

第四天，他带着一批臣民，从家乡随州历山出发，向西北大山走去。他们的腿走肿了，脚磨出茧子了，还是不停地走，整整走了

七七四十九天，来到一个地方。只见高山一峰接一峰，峡谷一条连一条，山上长满奇花异草，大老远就闻到了香气。神农他们正往前走，突然从峡谷里窜出来一群狼虫虎豹，把他们团团围住。神农马上让臣民们挥舞神鞭，向野兽们打去。打走一批，又拥上来一批，一直打了七天七夜，才把野兽都赶跑了。那些虎豹蟒蛇身上被神鞭抽出一条条一块块伤痕，后来变成了皮上的斑纹。

这时，臣民们说这里太险恶，劝神农回去。神农摇摇头说：“不能回！黎民百姓饿了没吃的，病了没药材，我们怎么能回去呢！”他领头进了峡谷，来到一座大山脚下。

这山半截插在云彩里，四面是刀切崖，崖上垂挂着瀑布，长着青苔，溜光水滑，看来没有登天的梯子是上不去的。臣民们又劝他算了吧，还是趁早回去。神农摇摇头：“不能回！黎民百姓饿了没吃的，病了没医的，我们怎么能回去呢！”他站在一个小石山上，对着高山，上望望，下看看，左瞅瞅，右瞄瞄，想主意，找办法。后来，人们就把他站的这座小山峰叫“望农亭”。突然，他看见几只金丝猴，顺着高悬的古藤和横倒在崖腰的朽木，爬了过来。神农灵机一动，有了！他当下把臣民们喊来，叫他们砍木杆，割藤条，靠着山崖搭成架子，一天搭上一层，从春天搭到夏天，从秋天搭到冬天，不管刮风下雨，还是飞雪结冰，从来不停工。整整搭了一年，搭了三百六十层，才搭到山顶。传说，后来人们盖楼房用的脚手架，就是学习神农的办法。

链接 <<<

耒耜lěi sì：先秦时期的主要农耕工具。耒为木制的双齿掘土工具，起源甚早。《周易·系辞》说神农氏“揉木为耒”，而《世本》则以为黄帝时“始作耒”。在新石器时代晚期的遗址中，已发现有保留于黄土上的耒痕。甲骨文中耒字作方，刻画出商代木耒的大致形象，双齿之上有一横木，表明使用时以脚踏之，以利于耒齿扎入土中，即古人所说的“跖耒而耕”。耜为木制的铲状耕田工具，西周时为人们普遍使用，《国语·周语》所引《周制》，其中有“民无悬耜”之语。《周礼》中还谈到制作木耜的情况，《地官·山虞》：“凡服耜，斩季材，以时入之”，即选择较小的树木以作为耜材之用。

◎手抄《神农本草》◎

神农带着臣民，攀登木架，上了山顶。山上真是花草的世界，红的、绿的、白的、黄的，各色各样。神农高兴极了，他叫臣民们防着狼虫虎豹，他亲自采摘花草，放到嘴里品尝。为了在这里尝百草，为老百姓找吃的，找医药，神农就叫臣民在山上栽了几排冷杉，当做城墙防野兽，在墙内盖茅屋居住。后来，人们就把神农住的地方叫"木城"。

白天，他领着臣民到山上尝百草，晚上，他叫臣民生起篝火，他就着火光把它详细记载下来：哪些草是苦的，哪些热，哪些凉，哪些能充饥，哪些能治病，都写得清清楚楚。

有一次，他把一棵草放到嘴里一尝，霎时天旋地转，一头栽倒。臣民们慌忙扶他坐起，他明白自己中了毒，可是已经不会说话了，只好用最后一点力气，指着面前一棵红亮亮的灵芝草，又指指自己的嘴巴。臣民们慌忙把那红灵芝放到嘴里嚼嚼，喂到他嘴里。神农吃了灵芝草，毒气解了，头不昏了，会说话了。从此，人们都说灵芝草能起死回生。臣民们担心他这样尝草，太危险了，都劝他还是下山回去。他又摇摇头说："不能回！黎民百姓饿了没吃的，病了没医的，我们怎么能回去呢！"说罢，他又接着尝百草。

他尝尽了一山花草，又到另一山去尝，还是用木杆搭架的办法，攀登上去。一直尝了七七四十九天，踏遍了这里的山山岭岭。他尝出了麦、稻、谷子、高粱能充饥，就叫臣民把种子带回去，让黎民百姓种植，这

◎神农架风景◎

就是后来的五谷。他尝出了三百六十五种草药，写成《神农本草》，叫臣民带回去，为天下百姓治病。

神农尝完百草，为黎民百姓找到了充饥的五谷，医病的

草药，准备下山回去了。他放眼一望，遍山搭的木架不见了。原来，那些搭架的木杆，落地生根，淋雨吐芽，年深日久，竟然长成了一片茫茫林海。神农正在为难，突然天空飞来一群白鹤，把他和护卫的几位臣民，接上天庭去了。

为了纪念神农尝百草、造福人间的功绩，老百姓就把这一片茫茫林海，取名为"神农架"。把神农升天的回生寨，改名为"留香寨"。

还有一种说法是在远古时，人们吃野草，喝生水，食用树上的野

©神农采药图©

果，吃地上爬行的小虫子，所以常常生病、中毒或是受伤。神农教人类怎样播种五谷，用自己的劳动，换取足够的生活资料。

传说神农常常帮助穷苦人家耕种，辛辛苦苦为人类服务。人类跟神农学会了种地，有了足够的粮食，从此不再挨饿。可是，不少人吃饱饭之后，常常会生病。有的人患了病，很长时间也不好，只能挺到死亡为止。

这些事情被神农知道以后，他感到很焦急，他不相信巫医问卜，但他也没有治疗疾病的办

◎新石器时代骨耜◎

法。于是，他便与不少人商讨，怎样才能把人们患的疾病治好，使他们摆脱疾病的困扰。他想了很多办法，如火烤水浇、日晒、冷冻等等，虽然能使某些疾患的症状有所缓解，但效果很不理想。

有一天，神农来到山西太原金冈一带，品尝草木，发现草木有酸甜苦辣等各种味道。他就将带有苦味的草，给咳嗽不止的人吃，这个人的咳嗽立刻减轻不少；把带有酸味的草，给肚子疼的人吃，这个人的肚子就不疼了。

神医尝百草是十分辛苦的事，不仅要爬山走路寻找草木，而且品尝草药还有生命危险。神农为了寻找药品，曾经在一天当中中毒70次，被毒得死去活来，痛苦万分。可是凭着他强壮的体力，又坚强地站起来，继续品尝更多的草木。大地上的草木品种多得很，数也数不清，神农为了加强品尝草木的速度，使用了一种工具，叫"神鞭"，也叫"赭鞭"，用来鞭打各种各样的草木，这些草木经过赭鞭一打，它们有毒无毒，或苦或甜，或寒或热，各种药性都自然地显露出来。神农就根据这

◎新石器时代谷粒◎

些草木的不同药性，给人类治病。他在成阳山上，曾经使用神鞭，发现不少疗效显著的草药，如甘草可以治疗咳嗽，大黄可以治疗便秘，黄连可以消肿等等。所以对成阳山，后人管它叫神农原，也叫药草山。

人类在世界上生活，所患的疾病很多，而神农所发现的草木有治病功效的不多，他为了治疗更多的疾病，便不停地去品尝更多的草木。一次，他在品尝一种攀缘在石缝中开小黄花的藤状植物时，把花和茎吃到肚子里以后，没过多久，就感到肚子钻心地痛，好像肠子断裂了一样，痛得他死去活来。最后神农没有能挺住，被这种草毒死了。神农虽然被毒死了，却用他的生命，发现了一种含有剧毒的草，人们给它起名叫"断肠草"。

三湘四水，曾是远古的中华民族创始人——炎帝神农氏的领地。炎帝神农氏在此始种五谷，以为民食；制作耒耜，以利耕耘；遍尝百草，以医民恙；治麻为布，以御民寒；陶冶器物，以储民用；削桐为琴，以怡民情；首辟市场，以利民生。完成了从游牧到定居，从渔猎到田耕的历史转变，实践了从蒙昧到文明的过渡，从旧石器时代向新石器时代的跨越。

炎帝率领众先民战胜饥荒、疾病，使中华民族脱离了饥寒交迫、患病无医无药、颠沛流离的生活。过上了有饭吃、有衣穿、有房住、有医药，并且能逛市场、听音乐、唱丰年的日子。今天，海内外亿万华人皆以炎黄子孙自谓。

夸父追日

在玉皇大帝任命的管理天上、人间、幽冥三界的各路大神中，有一位是专门管理三界邮政业务的大神，他的名字叫夸父。夸父是玉皇大帝的第八世孙。他出生时玉皇大帝还

成语典故

慢条斯理：原指说话做事有条理，不慌不忙。现在也形容说话做事慢慢腾腾，不慌不忙。元代王实甫《西厢记》第三本第二折金圣叹批："写红娘从张生边来入闺中，慢条斯理，如在意如不在意。"

在人间当总统领，还没有被天神召往昆仑山。那时候的玉皇大帝还叫炎帝。炎帝生炎居，炎居生节并，节并生戏器，戏器生祝融，祝融生共工，共工生后土，后土生信，信生夸父。从炎居算起，到夸父整整是第八代。

玉皇大帝任命夸父当管理三界邮政业务的大神，并非因为他是自己的第八世孙，而是因为夸父非常善于奔跑，他是三界之中跑得最快的

◎沅陵夸父山◎

神，因此很适合这方面的工作。玉皇大帝出于内行领导内行的考虑，才任命夸父当了管理三界邮政业务的大神。和他一起被任命的还有他的两个助手，一个是顺风耳，一个是千里眼。顺风耳能听得见千里之内人说话的声音，不过如果超过千里就听不到了，而且还要在没有干扰的情况下。他要是想倾听千里之内某个人在说什么，如果那边出

现锣鼓喧天的干扰情况，他就听不到了。千里眼能看见千里之内所发生的事情，超过千里他也就看不见了，而且他也特怕对他视觉的干扰，如果他要观察千里之内某人在干什么，在某人附近出现了干扰情况，那么他也会看不见。所以玉皇大帝的身边虽然有千里眼顺风耳这样具有特殊神通的神仙，也还是需要夸父这样脚力好的神仙去担负信息传递方面的工作。

夸父之所以擅长奔跑，是因为他生具异禀，天生头小颈长，肌肉虬结，筋骨外露。少年时，他曾与同村少年比赛爬山。那一天正赶上炎帝闲来无事，也到爬山现场去看热闹，围观的众人见炎帝亲自到场观看比赛，就恭请他老人家做发令官，那时候人类还没有发明发令枪，即使是铜器也还没有发明出来。炎帝就在身边采了一支粗大的竹子，找了一根枯木棒，约定以敲竹为号作为出发之令。夸父与所有参加爬山比赛的少年，齐刷刷站在规定的起跑线后面，只见炎帝高举木棒猛然下击，只听咚的一声发出了起跑的命令。夸父率先冲出起跑线，只见他登岩越涧如履平地，疾如奔马，不一会儿就冲上了山顶。他到达山顶往下一看，那些与他比赛爬山的少年所达之处，尚不足山脚到山顶路长的十分之一。从此炎帝发现了他这个八世孙的特殊才能，此后凡有传递信息，需长途奔跑之事，炎帝多让夸父去做，夸父善跑也在人类各部落中传为美谈。

一晃，夸父已到成年，青年时期的夸父自负身怀绝技，不免眼高于顶，周围的人皆不放在眼里。与人交往，常现洋洋自得之态；谈起天下之事，往往浪言没有什么不可办到的；如遇庸碌之辈，则又常常出言讥诮。长此以往，不免得罪了一些心胸狭窄之人。其中有一人名叫饕餮，其人极善烹饪，但最是心胸狭窄，睚眦必报。

一日，饕餮纠集几个曾被夸父讥诮过的人聚而为谋，设计要出一次夸父的洋相。为了让夸父看不出他们是有意设计羞辱他，饕餮拿出自己的看家本领，精心做了几样可口小菜，请夸父赴宴。夸父是个直肠直肚之人，不知有诈，一请即欣然赴席。几杯老酒下肚，几个人都喝得酒酣

链接 <<<

雁门关：位于山西省代县，雁门关在城西北大约四十华里的地方，又名"西陉关"。"天下九塞，雁门为首。"雄关依山傍险，高踞勾注山上，东西两翼，山峦起伏，山脊长城，其势蜿蜒，东走平型关、紫荆关，倒马关，直抵幽燕，连接瀚海。西去轩岗口、宁武关，偏头关，至黄河边。关有东、西二门，皆以巨砖叠砌，过雁穿云。飞魔轩昂，门额分别雕嵌"天险"、"地利"二匾。东西二门上曾建有城楼，巍然凌空，雕塑杨家将群像，并在东城门外，为战国时期赵国杰出的军事家李牧建祠立碑，可惜城楼与李牧祠，均在日本侵华时焚于一旦。

耳热，饕餮即按预定之谋拿话往上引。他说："天下的事做起来有难有易，但难做的事也并非没有人能做到，天下尽有些能人把那些难做之事都做了出来，但只有一件事从古至今还没有人能做到，恐怕今后也没人能做到了。"夸父一听，又激起了满腔豪情，急忙问道："但不知那是一件什么事，我就不信我做不到。"饕餮回答道："此事做来极难，要做成此事几乎没有可能，不说也罢！"夸父听罢大怒道："你怎么能这么轻视我，快快说出来，我即刻去办。"饕餮这才慢条斯理地说："夸父老兄莫急，我所说的这件事就是到太阳里去看看，那里究竟是什么样子，为什么会发出那么强烈的光。"谁知夸父听后非但没有恼怒，竟然双手拢袖向饕餮深深一揖道："亏得你老兄竟然有这般头脑，此前多有冒犯，尚请恕罪。"听了夸父这句言语，饕餮不由得大喜，心想："你终于承认世上还有你办不到的事了。"正想趁此讥讽夸父一番，把他大大羞辱一下。谁知夸父接着所说的话，却使他大吃一惊，张开的嘴再也合拢不起来了。至今饕餮的嘴还总是张着，吃东西只会吞咽而不会咀嚼。夸父所说的是这样一句话："兄弟就此告别，一定要追上太阳，到太阳里面看看，回来时也好将所见所闻讲给诸位听。"饕餮在预谋时，猜想夸父听他说出到太阳里面看一看这个难题之后，一定会承认自己办不到这件事，然后他就可以借此讽刺夸父说："你不是说天下之事没有你办不到的吗？怎么你也退缩了，你的英雄气概到哪里去了？"到那时夸父一定闹个大红脸，从此让他永远不敢轻视别人。谁知这个夸父竟真的要进到太阳里面去瞧上一瞧，而且说走就走，真的要去追赶太阳了。

夸父辞别饕餮，看准日影所在之处放腿疾奔，日之将落则疾奔向西，日之刚升则疾奔向东。如此往返奔波，足迹遍及东西南北，至今在我国的许多地方都留下了夸父追日的足迹：台州有座覆釜山，山上有几个巨大的脚印，这几个脚印据传是夸父追日时所踏出的脚印；辰州东有三座山，鼎足而立，直插云天，据说夸父追日时曾在此煮饭，此三山就是当时夸父煮饭时用以支鼎的石头；振履堆据说也是夸父追日时曾振履于此，因此叫做振履堆；唐朝时昊天观有位道士会用易经之理算卦，他经过推算后对太乙元君说："历来相传是沉香劈山救母，才把华山

劈开，实际上是夸父追日时，夸父追至山下，眼见太阳就停留在华山之
上，谁知当他登上华山极顶，那太阳又升高远去，一怒之下，他才力劈华
山。"可以说在我们中华大地，夸父追日时所留下的遗迹着实不少。那
夸父为追太阳，日夜奔波，终因体力不支，不得不在路旁砍断一株参天
巨树作为拐杖，支撑着身体而行。这一日他奔到渭河岸边，忽感口渴，他
俯身就饮渭河水，谁知渭河之水被他喝干之后，尚不足以解渴。于是他
又往北疾行，准备去大泽喝水止渴。但是还没有奔行到大泽，就因口渴
过度而死。大泽在今雁门关北去百里之地，夸父就渴死在雁门关和大
泽之间的路上。他死后，拐杖被抛弃在尸身之旁，他尸身的肌肉膏脂流
入大地，化为肥沃的土壤，那支拐杖在这肥沃土壤的浸润下，化为一片
森林，号为邓林。

　　夸父死了，但他一灵不灭，飘飘荡荡御风而行，这一日来到昆仑山
上，向天神太上老君诉说了他逐日不遂而暴尸荒野的惨烈经过。太上
老君怜念他是忠厚的刚烈汉子，用凝虚成形的神功，将他的三魂六魄
凝聚在一起，让他成为了一个有形无质的散仙。所谓有形无质就是看

上去他和生前没有什么两样，而如果去触摸他，却完全摸不到他身体的存在。自此之后，由于他有形无质，更加身轻似云如雾，从而也使得他可以飘飘荡荡毫不费力地腾空而起，最后他终于飘到天空踏上了太阳，到了太阳之上，他才发现：那太阳之精原来是个三条腿的巨大无比的乌鸦。那乌鸦两眼如焰喷射出灼热无比的无情之火，火光笼罩着全身的黑色，那无情之火呈银白之光，黑白相衬，远观犹如一片金黄。这只三足乌鸦原本为盘古左眼所化，当其化为太阳之时，由于盘古已逝，再无力将它掷向天空，只得自己化为乌鸦飞上天空。共工触折不周山之时，它本已落地，女娲补天之时又把它赶回天空。夸父被玉皇大帝任命为三界总领邮政大神之时，是一个有形无质的形貌。只因有形无质，他的行动才那么快捷便当。在夸父当上了三界总领邮政大神之后，他痛感若完成三界信息传递之重任，仅有他和千里眼、顺风耳两位副手去完成这么艰巨的任务是远远不够的。于是他向玉皇大帝提议：在天上、人间、幽冥三界遍设驿站，使信息传递之处都有负责的神、人、鬼。驿站初设之时兼有旅馆和邮局两项功能，后来逐渐把旅馆功能分化出去，另设饭店以方便往来游客，而邮局则专司信息传递之职能了。由驿站再到邮局代代相传，直至如今。

知母不知父

　　大约在5万年以前,我们的祖先由原始人群时期过渡到了氏族公社时期。氏族公社是以血缘亲族关系为纽带的社会组织形式。原始社会的氏族公社又分为母系氏族制和父系氏族制两个阶段,这两个阶段是互相联接的。

　　母系氏族制是原始氏族公社最初的形态。古书上关于人们"但知其母,不知其父"的记载,就是指这个时期。传说伏羲氏的母亲踏上了一个"大人"的脚印而怀孕,神农氏的母亲因感到一条神龙的神秘力量而怀孕,殷契的母亲因吃了玄鸟卵而怀孕……为什么没提到他们的父亲呢?这些神话反映了当时氏族成员的世系是以女系的血统来计算的。

　　血缘亲族关系是氏族社会的基础。人类由杂婚过渡到按辈分划分的兄弟姊妹间的血缘群婚。后来,发现直系血缘通婚严重影响后代的健康,便慢慢禁止了父母与子女的结合,又慢慢禁止了氏族内兄弟姊妹间的结合。到母系氏族公社时,开始实行"族外婚"。男子参加本氏族的生产劳动,死后要葬到本氏族墓地。但婚配都要到外氏族去。一氏族的一群兄弟和另一氏族的一群姊妹交互群婚。在这种婚姻形式下,一女子和很多男子发生关系。生的孩子,无法确定谁是他的父亲,但母亲是明确的。久而久之,人们都只知道母亲,不知道父亲,也没有父亲的概念。传说里自然就没有父亲了。

◎新石器时代石铲◎

> 人类从原始人群过渡到氏族社会，经历了几十万年的时间。

因为在氏族内没有婚姻关系，所以氏族成员除了母亲，就是兄弟姊妹，再就是姊妹们的孩子。血统和世系关系只能从母亲方面确认，人们完全集结在作为母亲的妇女周围。

这一时期人类活动的遗迹，在我国很多地方都有发现。其中以"山顶洞人"为代表。"山顶洞人"因发现于龙骨山（就是发现"北京猿人"的那座山）顶部的岩洞里而得名。从"山顶洞人"的遗迹可以看出，人类经过几十万年的劳动实践，到母系氏族公社时已经发生了深刻的变化：

体质已和现代人十分相近,学会了编织鱼网捕鱼和制造复合工具,掌握了人工取火的技术,开始用骨针缝制兽皮衣服和制造一些简单的装饰品。

当时,男子主要从事打猎和捕鱼,到处奔波,有时很长时间不能回来。妇女们主要在住地附近采集天然食物,抚育子女,照管"家务",对于维系氏族集团起着重要的作用,自然地成了氏族的中心,担负着氏族集团主持者和领导者的角色。后来,妇女们在长期的采集劳动中,将采来的天然植物种子种到地里,开创了原始农业。由于她们从事的劳动有着比较稳定的性质,对生活比较有保障,因而威望更高了。这种母系血缘关系的纽带和妇女们享有的崇高威望,把氏族成员紧紧地联系在一起。所以,我们把这个时期叫做母系氏族制社会。

既然是母系氏族制,是不是女的压迫男的呢?不是。在那里实行民主制度,还没有剥削和压迫。

©龙山文化蛋壳黑陶©

每个氏族都有自己的首领,负责管理氏族日常事务和处理一些事情。氏族首领由大家选举产生,即"选贤与(举)能"。氏族首领和氏族成员待遇平等,不脱离劳动。如果谁不适合当首领了,氏族成员可以通过氏族大会进行罢免和改选。

氏族公社里实行生产资料公有制。凡属氏族范围内的土地,森林,劳动工具,都是公有财产。氏族成员集体劳动,互相协作,劳动成果平均分配,过着原始共产主义的生活。

在氏族公社里,一切都按照集体的意志和传统习惯办事。这种意志和习惯是在长期劳动、共同生活中形成的,对每个氏族成员都有同等的约束力。这种人们共同遵守的习惯,就成了维护整个氏族利益的保证。

母系氏族公社的社会组织,有比较牢固的稳定性,这种社会组织促进了当时生产力的发展。此后,随着农业的发展,家畜饲养、制陶、纺织等新的生产部门相继出现,母系氏族公社逐渐繁荣兴盛起来。

彩陶和黑陶

原始氏族制度在人类历史上存在了若干万年。在我国辽阔的土地上发现了很多原始社会的文化遗存。其中，比较典型的是"仰韶文化"和"龙山文化"。通过这两种文化，我们可以大致了解原始社会的经济生活情况。

"仰韶文化"主要分布在黄河流域中上游，因最早在河南渑池县仰韶村发现而得名。"龙山文化"主要分布在黄河流域中下游和渭水流域，因最早发现在山东章丘县龙山镇而得名。据科学家研究，"仰韶文化"属于母系氏族公社的繁荣阶段，"龙山文化"属于父系氏族公社阶段。

这两种原始社会文化遗存有个共同特点：陶器很多。可是又有很大区别，"仰韶文化"中的陶器，大多数是红色，表面上画有各种彩色纹饰，考古工作者叫它"彩陶"。"龙山文化"中的陶器，大多是黑色，有一部分漆黑发亮，陶胎很薄，人们称它为"蛋壳黑陶"。相比之下，黑陶比彩陶更精致、更结实、更耐用。

别看陶器仅仅是一些生活用具，可它的发展变化却反映了人类社会的进程。从彩陶到黑陶，说明原始社会内部又发生了一次重大变革，即从母系氏族制过渡到父系氏族制。

母系氏族制大约在6000年前进入了繁荣阶段。当时，农业已经成为主要的生产部门。生产工具以石器为主，还有骨器和木器。史书上说的"斲木为耜，揉木为耒"，反映了农具的制作方式。当时，人们用石斧披荆斩棘，开辟农田，把砍倒的草木晒干，点火焚烧，灰烬就成了天然的肥料。然后用石铲、木耒、石锄疏松土地，种植

> 生产力的发展是人类社会进步的根本动力。生产力的发展推动了社会变革。

◎龙山黑陶◎

谷物和白菜，芥菜等，这就是所谓的"刀耕火种"。在这些以渔猎和畜牧业为主的氏族部落内发明了弓箭，极大地提高了生产和防御野兽的能力。

　　随着农业的发展，人们开始过着定居生活，建筑房屋，形成村落。考古学家发现的西安半坡遗址，是一处典型的氏族村落。这处村落包括居住区、制陶窑场和公共墓地3个部分，总面积约有5万平方米。从房屋布局和形状来看，这里的居民已实行了不稳定的对偶婚。由各个对偶家庭组成的母系大家庭，是氏族内部的基本经济单位。制陶窑场在半坡遗址中占有重要地位。这既是人们定居生活的表现，也是当时手工业发展的一个特点。

◎新石器时代彩陶◎

　　陶器，是人们为蒸煮、储存食物和饮水而发明的容器。农业发展了，食物增多了，需要的器皿也多了起来。因为那时还没有金属，生活用具大部分都要靠制陶来解决。所以，制陶在当时显得很重要。每个氏族公社里都有一个公共窑场。陶器的种类很多，有煮食物用的锅、罐，饮食用的碗、盘、杯、盒，储存东西用的瓮，还有一种蒸食物用的甑，类似现在的笼屉。为了美观，人们又在陶器表面画上图案和花纹，有的还绘上动物和人形图案。以这样的彩陶为特色的仰韶文化，是母系氏族公社兴盛的突出表现。古书上关于"神农作瓦器"，"黄帝命宁封为陶正"，"黄帝有陶正昆吾作陶"的记载，都是反映母系氏族公社经济特点的。

　　由于生产力的发展，经济的兴盛，氏族公社的变革开始了。原来主要从事打猎和捕鱼的男子，逐渐地转入农业、制陶等主要生产部门。男子的社会地位不断提高。妇女逐渐被排挤出生产的主要部门，束缚在烦琐的家务劳动中，社会地位下降了。氏族公社的婚姻关系也出现了新现象：女子开始到丈夫那儿居住，死后夫妻合葬。原来不巩固的对偶婚转变成一夫一妻制，产生了个体家庭。血统和世袭关系开始按父系计算，财产继承关系由母系转变为父系。母系氏族制瓦解了。这是一个重大的社会变革。恩格斯称之为："人类所经历过的最激进的革命之一。"

◎新石器时代龙山文化陶器鬶◎

◎新石器时代彩陶碗◎

大约在5000年前的时候，我国黄河、长江流域的氏族部落，由母系氏族制转变到父系氏族制。这时期，氏族经济比以前有了显著发展。农业生产工具进步了，耕地面积扩大了，产量也提高了。家畜饲养的规模迅速扩大，各氏族饲养了成群的猪、狗、牛、羊，有的还养马和鸡。

制陶业较比从前进步了。人们发明了轮制陶器的方法，这就使得陶器形状规则，厚薄均匀。同时，人们掌握了封窑技术，使窑内温度增高，烧出了质量很好的黑陶。陶器的种类也增多了，除了罐、盆、杯、盘以外，还有蒸煮食物用的鼎、鬲，烧水用的鬶等等。人类就是这样，在漫长的岁月里辛勤劳动，不断有所发现，有所前进。

炎帝的传说

　　女娲完成了她的造人任务以后，很想好好地休息一下。她要找一个最高的山峰，那座山峰要耸立在云端之上，当她站上那座山峰时，白云就会像溪水一样从脚下淌过；山上要有茂密的、形态各异的林木和四时花开不谢的奇花异草，当她徜徉在山间小径的时候，满目的青翠和花儿的艳丽、芳香就在她的身旁；要有终年淙淙不断的清澈流水，当她晨起梳妆时，流水就会映现出她的美丽脸庞；要有一个四壁平整光滑，有如大理石那样晶莹剔透的洞穴，当她坐卧在这个洞穴中时，就会使她感到纤尘不染的洁净。

　　为了寻找这样一处美好的地方，她从现今的河南省鹿邑县出发，驾起祥云一直往东，在不到一个时辰的时间里她就飘落在泰山极顶。那时候泰山是整个中原大地最高的山，站在泰山极顶可以俯瞰中原大地。到了泰山这样一个风景绝佳的胜地，女娲不禁心情为之一畅。她东观大海，只见红日悬空，波涛汹涌，气象万千。海上蓬莱、方丈、瀛洲三山更是凝聚了人间仙韵。她很想再驾起祥云飞往蓬莱等三山看看，但是当她再回头俯视中原大地的时候，她的心情又变得沉重了。中原大地是华夏民族最早的居住地，女娲造人就是采自中原大地的泥土，在中原大地上造的。在女娲登上泰山之时，那些由女娲所造的人绝大多数还没有离开中原。在女娲的目光之内，深山、大泽、莽林、旷野、毒虫猛兽到处肆虐，毒虫猛兽的强悍与人类的羸弱形成了鲜明的对比，散处各地的人们在与毒虫猛兽的搏斗中，往往轻易地落入毒虫猛兽之口。除此之外，饥饿、疾病和瘟疫也在时时地折磨着人类。看到这种情形，女娲想："如何使人类尽快摆脱困境是当务之急。否则人类就将绝种，自己辛辛苦苦的创造就要付之东流。但是若要自己每天都奔波在人间去为人类解除困境，不仅太过辛苦，也是自己不愿为之的。"正在她苦思难解之际，无意间她的目光越过中原向西北方望去，这一望使她的心情顿时豁然开朗。原来在她目光所及之处，正是现今宁夏回族自治区的灵武县，在那里有一群从中原大地迁移而来的人，这群人正在一个居中指挥的人的带领下，抵抗一群野狼的攻击。只见数百个身强体壮者手持木棒石块，站成一圈，保卫着中间的体弱者，当野狼逼近时就投掷石块、挥舞木棒将野狼打退。那个居中指挥的人命令几个处在保护圈中间的人，用尖细的干木棒去钻一段干枯的倒木，不一会儿倒木被钻处就冒出了浓烟，再过一会儿就燃起了火星，周围的其他人马上捡拾枯枝干叶撒盖在燃起的火星之上，霎时火星变成了火苗，熊熊地燃烧起来。当大火升起之时，群狼便马上奔突逃逸，狼围遂解。这个居中指挥的人就是炎帝，炎帝又称神农氏。女娲在观察了炎帝带领人类御狼的这一幕后，认定炎帝是个可造之材，将来一定会带领人类在与毒虫猛兽、疾病瘟疫的斗争中生存下去。自那以后女娲就经常降临到炎帝的身边，向他传授神通。到了炎帝具备了足以带领人类与大自然抗争的本领时，女娲就让炎帝当上了人类的首领，而她则按照自己的意愿找了一处风景绝胜之处过起了隐居生活。

炎帝自担当人类首领以后，就着手想办法解决人类生存的两大难题：第一是食物问题，在此之前人类都是靠猎取野兽吃兽肉来充实肚子，在炎帝没发明钻木取火之前，人们都吃生肉，过着茹毛饮血的日子。炎帝发明了钻木取火，虽然不再茹毛饮血了，但野兽毕竟是有限的，把野兽吃绝种了，人类还吃什么？第二是疾病和瘟疫问题。在长期的与大自然的斗争中，炎帝发现，漫山遍野的草木植物是一项可以再生的资源，一棵野草到了秋天可结万粒种子，如果把一粒种子埋在地下，就会又生长出一棵野草，如果野草的种子可以作为人类的食物，只要春种秋收就可以解决人类的食物问题。他还发现，有些野草人吃了可以治愈疾病，而有些野草人吃了就会中毒而死。于是他决定在这些野草中

◎新疆天池◎

找到人类的食物和可以为人治病的药材。

　　根据女娲的指示，炎帝又从西北之地，返回中原人烟稠密之处，在古荆州定居下来。他走遍了神农架的所有山峰和川谷，亲尝百草以辨滋味，区别哪些可以作为人类的食物，哪些可以用于治疗人类的疾病。有一天他在古荆州的永阳县西北二百三十里的历山乡的石穴中得到了一条赭色的鞭子，这条鞭子具有一碰百草即知百草具有平毒寒温之性的功效。从此他就用赭鞭以鞭百草。经过他的不懈努力，终于被他找到了麻、稷、黍、麦、豆五谷可以作为人类的食物；他又把哪些野草可治哪种疾病编成药典，名叫《本草》，为人类治疗疾病。

　　为了发展农业生产力，炎帝又发明了耒耜等农业生产工具，减轻了人们的劳动强度。为了丰富人们的精神生活，他又削桐木为琴，绳丝为弦，定宫、商、角、徵、羽五音，从此人间有了音乐。

　　炎帝教育人民说："如果世上的男人有一年不耕种土地，那么在这一年普天下的人就都得挨饿；如果世上的女人有一年不纺纱织布，那么普天下的人在这一年就得挨冻。"为了给他治下的人民做出榜样，炎帝自己亲自下田耕作，他的妻子亲自纺纱织布。在他的带领下，人们都非常勤劳节俭，通过自己的劳动来改善生活，过得十分开心和舒畅。

精卫填海

炎帝以清净无为治理天下，那时候普天下的人都非常朴实忠厚，世界上还没有出现过劫杀掳掠、争名夺利的事情，人与天、地、自然达到了高度的和谐统一。因而人的自身潜能极易得到开发，特别是那些由女娲精心雕塑而化生的人，他们不仅是盘古的肌肉化生的，而且被女娲灌注了先天神通，许多人都具有了超过常人的神通。他们就是我们今天称之为仙人的人，炎帝就是这些仙人之一。后来女娲对这些仙人都委以重任。有的管天，有的管地，有的管生，有的管死……炎帝是管地的大神，由于他把大地的人类社会治理得井井有条，因而他得到了管天大神的帮助。他与管天的大神共同订立天地盟约：天神每月初五日要给大地降一次雨，称之为行雨；每到初十日再降一次雨，称为谷雨；每到十五日又需降一次雨，称为时雨。就这样天神每隔五日为大地降一次雨，大地年年风调雨顺，因而人们又称炎帝为神农。

炎帝的妻子叫作听讹，她和炎帝生了一儿四女。他们的儿子叫做炎居，他们的女儿一个名叫少女，一个名叫帝女桑，一个名叫瑶姬，一个名叫女娃。炎居辅佐他父亲管理天下，少女与炎帝的大臣、掌管行云施雨的雨

约170万年前—约前21世纪初

师赤松子相恋,赤松子经常往来于炎帝和天神之间。那时,天神和人类都住在大地上,天神的住地在昆仑山上。一次赤松子去昆仑山与天神商量给大地施雨的雨量问题,少女追随赤松子也去了昆仑山,从此她就留在了昆仑山上,成了一名天仙。相传帝女桑居住在今湖北省的南阳愕山桑树之上,学道成了仙,她每月两次变化,前半月她变化成白色的喜鹊为人们报喜,后半月她又恢复成美丽的女子形象。后来她也驾云飞往昆仑山,成了天仙。瑶姬是一位美丽多情的姑娘,她非常向往凡人的生活,几万年以后,她与春秋战国时的楚襄王有一段美丽动人的梦恋故事,被宋玉写成了《高唐赋》。

炎帝最小的女儿女娃是位性格开朗,最喜欢游山玩水的女孩子。她从小在父母身边长大,炎帝和听诉虽然很喜欢她,但对她的管教很严,从来不许她随意玩耍。到了她18岁那一年,她听父亲身边的大臣说:东海之上有仙山,一名蓬莱,一名瀛洲,一名方丈。山上仙姬乘鹤弄箫,仙乐杳杳,清泉流瀑,奇花异草,美不胜收。于是她就萌生了东游沧海,登临仙山之念。

这一日,她偷偷溜出家门,出了神农架一直向东行去。一路上她游历于桑林田陌之间,眼见着田舍里村夫村妇出双入对,男耕女织,尽享天伦之乐,她自己虽然孑孑独行,但小女孩情窦未开,亦不以为意,反而人乐亦乐,自己也乐不可支。似这样她走走停停,更行二百余里来到了发鸠之山。其山多生柘木,体坚叶阔,一株柘木之上落有一鸟,体型

大小有如乌鸦,毛色黑白相间,头生凤冠,五彩斑斓,喙白足赤,甚是美丽。她忽然童心大起,以口作哨音作鸟鸣,哨音一起,那鸟亦振翅长鸣,其音嘹亮而略带哀伤,听似有如童稚之少女大呼"精卫、精卫",此鸟之名即为精卫。女娃生于炎帝之家,虽父母管教甚严,却也不

知哀伤为何物，耳听此鸟鸣声略带呜咽，也不禁受其感染，想到自己形单影只，为看仙山这些日子以来也着实吃了不少苦，不免也有点悲从心来，同情之心油然而生。禁不住对那鸟儿柔声说道："莫悲，莫悲，假如人死还能托生，来生我一定变一个与你一模一样的鸟儿前来伴你。"没想到此言竟成谶语，后来她溺死东海，灵魂真的变成了精卫鸟。

小女孩悲伤来得快去得也快，想到即将到达仙山，她又高兴起来，这一天她就在发鸠之山上东游西逛玩耍了一天，夜晚她就枕草宿在柘木之下。第二天早起，她临溪梳妆完毕，继续向东进发，不一会儿她就到达了东海岸边。

东海即今所说之太平洋，是大地上四大海洋中的最大之海洋，古人说："无风三尺浪，有风浪千尺。"女娲到达东海岸之时，正赶上风高浪急之日，凶猛的大风推动着海浪拍向岸边，拍得海岸岩石轰轰作响，十分吓人。面对如此汹涌的大海，女娲还真的有点怕了，但当她登上海岸的最高处，放眼向东望去的时候，海外三仙山那缥缥缈缈似真似幻的影像，却坚定了女娲要一探仙山的勇气。那时候世界上还没有人造出船来，对于海外三仙山，除了像炎帝那样的陆地神仙和天神外还没有人上去过。女娲那一年刚刚18岁，还没有修炼成陆地神仙。但是要一探三仙山的欲望，促使女娲决定泅过海峡，登上三仙山。于是她纵身跳入大海，奋力向三仙山的方向泅去。她刚刚泅出不远，大海的波涛就吞噬了她。就在她的肉体已经死亡的时候，她的灵魂却没有灭去，怀着满腔的怨恨和哀伤化作了一只精卫鸟，从她被淹没的地方冲出，展翅飞回到发鸠之山，与发鸠之山上的那只精卫鸟结成了伴侣。她深恨大海夺去了她的宝贵生命，决心填平这个夺去她生命的大海。自那以后，她就与她的伴侣不停地衔来西山之石以填大海。她的子孙后代也按照她的意愿，世世代代填海不止。直到今天，我们还可以看到精卫鸟衔石填海的壮举。

©精卫鸟雕刻©

©精卫鸟画像砖©

瑶姬梦恋

　　瑶姬是炎帝的三女儿，她不但人生得绝美，而且有一颗苦苦追求爱情而且温婉善良的心。可惜的是在她刚刚到了出嫁的年龄，还没来得及出嫁就死去了。她死后炎帝把她埋葬在舌山上。舌山，古山名，不知今名何山。她的尸身腐化之后，在她尸身腐化的地方长出一种奇异的草本植物，它的叶宽阔浓郁，它的花金黄璀璨，它的果实有如蚕豆一样。相传无论男人和女人只要吃了这种奇异植物的果实，都会变得美丽可爱、温柔可人，只要碰到异性就会被异性热烈地深爱。美丽的瑶姬即使去世以后，也是一灵不灭，将自己对人间的眷爱，对爱情的向往，借植物的果实转移到后代的世人身上。关于瑶姬有两则脍炙人口的故事，这两则故事发生的年代差不多相隔四千多年，距她死时可能已有几万年了。一则为瑶姬助大禹治水，一则为瑶姬与楚襄王的高唐云台梦会。

　　瑶姬死后，一灵不灭，飞到昆仑山上，天神见她生得可爱，收她做义女，并传授给她各种神通道法。当她修炼成仙以后，想到了妹妹女娃曾慕海外三仙山，为踏胜景而溺死于东海之上，灵魂化为精卫，从此衔石填海的往事，决意往东海一游。她朝发昆仑，夕至东海，观遍海外三仙山的无限胜景，到发鸠之山与妹妹女娃相聚一夜，互诉衷肠之后，即回返昆仑。这一日她由东而西顺长江逆流而上，途经巫山。只见长江两岸峰岩挺拔，林壑幽丽，巨石如坛，好一个奇危险峻的去处。面对如此美景，她流连忘返。当时正值大禹治水，带领民夫宿于山下。这一夜忽遇狂风，拔树摧崖，两岸山石滚滚而落，霎时堵塞住了

河道，江水漫堤而过，两岸大片农田均遭洪水之祸。正在大禹无计可施之际，忽见瑶姬自巫山而下，只见她白衣飘飘，足不履尘，仿佛御风凌空而行。其貌如花，光彩照人，俨然有出尘之态，知为仙人。于是近前拜见，请教清淤导流之策。瑶姬即命身旁侍女，将一本可以召神驱鬼的秘籍送给大禹，大禹按照秘籍所载之法，召来了狂章、虞余、黄魔、大翳、庚辰、童律等大力天神，帮助大禹劈开山石疏导水道，打开堵塞河道的水障，使江水循着原来的河道流淌。大禹为了感谢瑶姬对自己的帮助，曾经亲自上巫山去拜谢瑶姬，他在山下分明远远望见瑶姬就站在山顶之上，可是等他攀上山顶，转眼之间瑶姬却化作一个巨大的石像。无奈大禹只得又回到山下的驻地。从此以后，大禹时时都在关注着山顶上的瑶姬，他看到山顶上的瑶姬有时倏然飞腾起来，化作一片白云停在那里不动，到了晚上白云渐渐向一起凝聚，化作细雨飘飘洒洒地降落下来；有时化作游龙，有时化作翔鹤，千变万化，使你永远不能靠近。看到瑶姬这种怪诞百出的变化，大禹怀疑她并不是真仙，就向童律请教。童律告诉大禹："瑶姬是炎帝的女儿，是天神的义女，她死后成仙，肉体早已腐烂，我们所见到的瑶姬只是她的灵魂。灵魂这东西成仙得道之后，随意想变化什么就变化什么，何止变化成白云细雨飞龙翔鹤呢？"大禹点头称是。后来大禹又去山顶拜见

瑶姬，到了山顶他惊呆了。只见山顶忽然出现了一座高插入云的宫殿，琼砖碧瓦，白玉的台阶。此时大禹不由得肃然起敬，他拾阶而上，只见宫门守卫森严，阶尽处有双狮抱关而立，门两侧有灵官执戟护卫。尽管大禹见多识广，但对这两位灵官也陌生得很，不知他们为何神何名。过宫门而入内殿，只见天马贴壁而立，毒龙电兽依柱而旋，瑶姬高坐于瑶台之上，俨然君王临朝。大禹急忙趋前行礼，并向瑶姬请教修仙悟道的秘诀。瑶姬客气地接受了他的问候，并指令一名叫做陵容华的侍女捧出丹玉之籍，从中选出上清宝文授予大禹。大禹依靠上清宝文所载之

秘诀，得以名列紫府，成为仙人。

瑶姬自与禹王相遇，并助其治理了大水之后，就没有再返回昆仑山，在巫山定居了下来。两千多年以后，楚襄王携其国著名文学家宋玉，至云梦猎场射猎，晚即宿营于巫山脚下。这一夜襄王梦见一位妇人，年方十七八岁，从营门之外如风推云般进入营帐。观其容貌，肤如凝脂，吹弹得破，微微一笑灿若春花，白衣飘飘，长袖轻拂，有如凌空蹈虚，足不履尘。襄王贵为国君，阅人无数，从未见过这么美丽的女子。他非常高兴，迎请那女子在营帐中就坐，并问道："你是何家女子，何以降临我的营帐？"那女子答道："我是炎帝的三女儿，名叫瑶姬，在距今几万年以前，我还没有出嫁时就死去了，死后被天神收为义女，被封在巫山为神。我的血肉化生为草，精灵与草相通，谁若是摘了草上的果实服用，我就要在梦中与他相见。今天白天我见你游猎于云梦之间，无意之间摘我血肉所化之草的果实服用，今晚我就不由自主地来到您这里，愿意在这里陪你度过这一长夜。"于是楚襄王就与瑶姬结为露水夫妻。将近天明，瑶姬起身辞行，对襄王说："您与我梦中相会之事，千万不要告诉别

人，今夜你我以灵魂交往，做了一夜梦里夫妻，我也要对您有所报答。我会保护您的后代，使您的后代在江汉之间安然地做诸侯王。"襄王向瑶姬一再表示感谢。临走出营帐门口时，瑶姬再次回头告诉襄王："我居住在巫山南坡，山顶的最高处，早晨我化作清淡的白云，晚上我就化成细雨，日复一日，我就盘旋缭绕在山顶最高处的阳台之下。"襄王第二

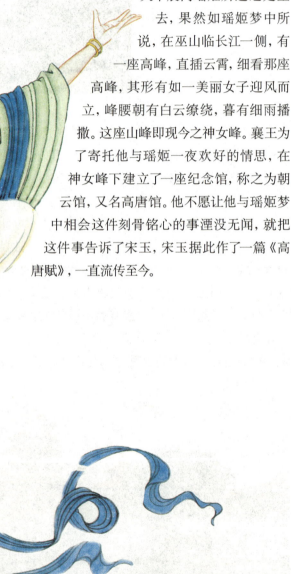

天早晨向瑶姬所述之处望去，果然如瑶姬梦中所说，在巫山临长江一侧，有一座高峰，直插云霄，细看那座高峰，其形有如一美丽女子迎风而立，峰腰朝有白云缭绕，暮有细雨播撒。这座山峰即现今之神女峰。襄王为了寄托他与瑶姬一夜欢好的情思，在神女峰下建立了一座纪念馆，称之为朝云馆，又名高唐馆。他不愿让他与瑶姬梦中相会这件刻骨铭心的事湮没无闻，就把这件事告诉了宋玉，宋玉据此作了一篇《高唐赋》，一直流传至今。

黄帝战蚩尤

◎黄帝◎

黄帝与炎帝一样，都是女娲造人之时，最先经过精心雕塑而化生的人。炎帝带领流民北进在灵武御狼之时，黄帝即在炎帝的身边作为炎帝的副手。女娲委炎帝以重任，炎帝回中原之前就把那批流民交于黄帝统领，后来这批流民就在北方广大地区定居下来。炎帝回到中原之后耕作五谷、煎草为药，解决了人类吃饭和治病两大难题，他让黄帝在北方向人们传播，并委任黄帝全权治理北方广大地区。黄帝根据北方的实际情况，发明了畜牧业，将野生动物驯化家养，取肉为食取皮为衣。在北方广大地区，宜农之地，黄帝就让人们耕作五谷；宜牧之地，黄帝就让人们饲养家畜。他又根据游牧劳作常常居无定所的特点，发明了由牛、马等家畜牵拉的大车。有了大车，游牧的人们就可以将日用杂物载于车上，随处都可安居，极大地方便了农牧业生产。因此，人们又把他称为轩辕氏。轩和辕都是大车上的部件，是取以部分代称整体之意，也是

◎黄帝战蚩尤战场◎

对黄帝的褒奖。

炎帝在位统领人类一千余年后，正值天神那里缺少一位掌管人间烟火的大神，由于炎帝曾经发明过钻木取火，就把炎帝征召到昆仑山上，成了火神。后来祝融成了炎帝最为得力的助手，所有有关人间烟火之事，炎帝都委派祝融去办理，因此人间渐渐地只知有祝融而不知有炎帝了，祝融也就成了人间祭祀的火神了。炎帝临行之前把统领人类的重任交给了黄帝。从此，黄帝继承炎帝成了统领全人类的大首领。炎帝这一举措使蚩尤很不高兴。此前蚩尤被派往西方，去统领西方的百姓，因此也就没能和炎帝一起去天神那里赴任。蚩尤既没得以同炎帝一起去天神那里赴任，而炎帝也没有让他做统领全人类的大首领，蚩尤不由得怒火中烧，他觉得炎帝对他太不公平了，全人类的大统领这样一个大肥缺，炎帝不让自己去做，却让给了外人，这口怨气实在难以下咽。他思来想去，就把满腔的怨恨都转移到了黄帝身上。他想："若是没有黄帝这个人，那么人类大统领的位置就非我莫属了，若想登上人类大统领的宝座，就非除掉黄帝不可。"

蚩尤天生异禀，他身材高大，头坚似铁，力大无穷，而且还具有兴云布雾的神通。他所统治的西方之地，多有火山喷发。从火山熔岩的现

◎蚩尤墓◎

象中，他悟出了以矿石炼铜的技术，从而发明了冶炼术。当时黄帝统治的北方之地还没有这项技术。

为了战胜黄帝，蚩尤进行了全面备战，他首先造谣说："黄帝向来统治北方，根本不了解西方的人情世故，他要让西方人也像北方人那样居无定所，还想把西方人都捉到北方去，给北方人当奴隶。"然后他又蛊惑西南的山地民族说："黄帝说西南山地的苗、黎等族人是妖人，要统统消灭掉。"在他的造谣蛊惑之下，不明真相的西方和西南方的人们，纷纷聚拢在蚩尤身边，发誓要帮助蚩尤打败黄帝。蚩尤看到发动战争的兵源已经有了保障，就加紧督率民众冶炼青铜，制造刀枪剑戟。在一切都准备就绪之后，蚩尤就带领队伍浩浩荡荡地向中原腹地进发了。人类历史上第一次人与人的战争爆发了，也从此为后世各部落首领争做最高统治者、从而刀兵相见开了先河。在此之后，虽然还有尧、舜实行禅让方式更替政权，但尧、舜之后，历朝历代都是以暴力方式改朝换代的，这也许是蚩尤种下的恶果。

蚩尤与黄帝的这场战争持续了三年之久，战争是在十分惨烈的情形下结束的。由于有蚩尤的谣言蛊惑，他所带领的西方和西南方的民众，不仅对黄帝怀有满腔的怨恨，而且对中原和北方的民众也产生了

极大的敌意，因此蚩尤大军在向中原推进的过程中，烧杀掳掠，无所不为。一时间使中原大地尸横遍野，血流成河。蚩尤进攻中原，黄帝还蒙在鼓里，蚩尤是有备而来，黄帝是仓促应战，而且蚩尤的兵士都手执青铜武器，而黄帝的兵士只有木棒和石块作为武器。蚩尤节节胜利，黄帝节节败退。不到三年的时间，黄帝就被逼退到涿鹿之野，也就是现今河北省的涿鹿县。

三年来，在战争中，黄帝以仁爱为怀，对在战争中俘获的蚩尤军士不但不杀，而且还给予多方优待。俘虏们看到黄帝爱惜百姓，都十分感动。在被俘期间他们又了解到蚩尤对他们所说的话都是谎言，因而他们都心向黄帝。渐渐地蚩尤军中的绝大多数人都不愿再为蚩尤效命了，许多人纷纷倒戈投向了黄帝一边，战争双方的力量对比发生了逆转。于是黄帝决定与蚩尤决战于涿鹿之野。

战前黄帝召开了军事会议，参加会议的有黄帝的大臣伍胥、风后、力牧和黄帝的女儿魃、应龙。伍胥首先献计道："蚩尤的军队都穿白色的军服，我军都穿黑色的军服，白色在夜晚非常显眼，目标明确；黑色与夜色浑然一体，具有极大的隐蔽性。我们应该选在夜晚作战，以我们之暗攻敌之明，一定可以取胜。"风后道："蚩尤善于行云布雾，每到战阵之时，他常用此法使我军不辨东西南北，乘我军混乱，他则乘乱击溃我军。近日我已想出办法，可用磁石做成指南车，无论其车如何转行，车上指针，永远指向南方。"黄帝即刻命令风后督造指南车，以便在迷雾中引领部队前进。一切准备就绪后，黄帝选了一个漆黑无月的夜晚向蚩尤的军队发起了攻击。

这一夜蚩尤以为夜色沉沉，伸手不见五指，人行荒野难辨东西，黄帝的军队必不敢来。哪知二更刚过，忽听人

喊马嘶之声，黄帝军队如潮涌至。仓促间他急忙披衣上马前往迎敌，谁知刚出营门，就见自己的军队兵败如山倒，己军皆穿白衣，在夜色下目标极为明显，黄帝军皆穿黑衣与夜色浑然一体，己军在明，黄帝军在暗，相斗之中，己军往往猝不及防即被敌军杀死。

◎龙山文化石斧（山东出土）◎

蚩尤抢出营门奔到军前之际，部下已损折十之七八。见此情形蚩尤急忙作法行云布雾，想借云雾笼罩使敌军不辨东西南北，借此杀出重围，以便整军再战。谁知大雾一起，黄帝军中即推出了指南车，只见此车大小有如行帐，由三匹马驾驶，车上突出一高有丈余的立木，木上一只木手，无论此车如何旋转突击，木手始终指向南方，黄帝军借指南车之力，顷刻间就冲出浓雾笼罩的区域，重新将敌军包围起来。原来蚩尤虽然会兴云布雾，但由于法力有限，所布方圆不过里许。黄帝立于指南车旁，对蚩尤说道："到此地步你还要顽抗吗？不如弃械投降，我可饶你不死。"蚩尤听后大怒，跳于马下，又作起法来，顷刻之间口中喷出大火，点燃周围林木，想借火力烧退敌军。黄帝阵中应龙抢出阵前亦作起法来，化作一条肋生两翅的金龙，口中喷水化作倾盆大雨浇灭了大火。蚩尤见云雾、大火都被黄帝军所破，心想："你能行雨，我也能行雨，干脆咱们就来个水淹七军，谁也别想活着离开此地，只要我侥幸逃离此地，那么大统领的位置还是我的。"于是他又作起法来与应龙一起口中喷水，霎时地上水流成河，双方军士都在齐腰深的水中挣扎，谁也无力攻击对方。见此情形魃挺身而出，魃在幼时曾得天神传授，专能制止雨水降落，魃一作法，蚩尤口中就再也喷不出水来。趁蚩尤愣神之际，应龙凌空下击，将蚩尤击倒，捆缚于黄帝面前。黄帝命风后即刻将蚩尤斩首，将蚩尤所用兵器弃于涿鹿之野的土丘之上。后来蚩尤的兵器之柄经雨露滋润，又经日精月华的抚育，化为枫林。此树现今已遍及中原漠北，其叶一到秋季就鲜红如血，据说那是因为蚩尤与黄帝大战之时染上了战士们的鲜血所致。涿鹿之野的大战发生在秋天，所以枫叶遇秋则红。

颛顼与帝喾

◎华夏人文始祖颛顼◎

传说黄帝晚年，以仙人广成子、容成公为师，用顺其自然的方法，使三界大治；功成名就，遂生退隐之心。他派遣夫役开采首山铜矿，在荆山下铸造宝鼎。宝鼎铸成的那天，天外飞来一条巨龙，垂下龙髯相迎。黄帝将主宰神的宝座传给了他认为很能干的曾孙帝颛顼，自己乘龙飞往九重天外，随他同行的朝中大臣、后宫夫人共有七十多位。其余大臣攀着龙髯还想爬上去，结果龙髯被扯断，纷纷跌下来。跌落的大臣们望着远去的黄帝哭了七天七夜，流下的眼泪淹没了宝鼎，汇成了大湖，后人称此湖为鼎湖。

继位的帝颛顼乃北方水德之帝，他的爷爷是黄帝和嫘祖的二儿子昌意。昌意在天庭犯了过错，被贬谪到凡界的若水，生下了韩流。韩流的模样委实古怪：细长脖，小耳朵，人脸、猪嘴、麒麟身，双腿并在一块儿，下面长着一对猪蹄。韩流娶淖子氏的女儿阿女为妻，生

◎华夏人文始祖帝喾陵◎

下了帝颛顼。帝颛顼的长相，与他的父亲也大体相似。

帝颛顼自幼受叔父少昊的熏陶，特别爱好音乐。他听到八方来风掠过大地发出铿铿锵锵的声音，十分悦耳，便让八条飞龙仿效风声长吟，命名为《承云曲》，专门用来纪念黄帝。他又突发异想，令扬子鳄做音乐的倡导者。扬子鳄鸣声如鼓，背上披有坚厚的鳞甲，成天躺在池沼底部的洞穴内睡觉，对音乐向来生疏，受了主宰神的委派，怎敢怠慢，只得乖乖地翻转笨重的身躯仰卧，挥动粗大的尾巴敲打鼓凸的灰肚皮，果然嘭嘭作响，声音嘹亮。人们受到帝颛顼的影响，用扬子鳄的皮来蒙鼓，这种鼓很贵重，叫鼍鼓。

◎华夏人文始祖帝喾◎

初登主宰神位的帝颛顼，所做的第一件大事是将原本不停运转的太阳、月亮和星星都牢牢拴在天穹的北边，固定在北方上空，这么一来，他的根据地北方三十六国永远光辉灿烂，相反，东、南、西方诸国则永远漆黑一团，百姓伸手不见五指，生活异常不便。

帝颛顼所做的第二件大事是隔绝天和地的通途。在他执掌三界大权之前，天、地虽也分开，但距离较近，并且还有天梯相通，这天梯即是各地的高山与大树。天梯原为神、仙、巫而设，人间的智者、勇士，也能凭着智谋和勇敢攀登天梯，直达天庭。那时候，凡人有了冤屈之事，可以直接到天上去向天帝申诉，神亦可以随便至凡界游山玩水，人与神的界限还不是很明确。帝颛顼继黄帝做了主宰神，把蚩尤领导苗民造反之事作为教训，他考虑到人、神杂居弊多利

◎华夏人文始祖颛顼帝喾陵◎

少，将来难保没有第二个蚩尤下凡煽动世人与他作对，为此他命令孙儿重和黎去把天地的通路截断，让人上不了天，神下不了地，大家虽然丧失了自由往来的便利，却能维持宇宙秩序，保证安全。

大力神重和黎接旨，运足了力气，一个两手托天，一个双掌按地，吆喝一声，一齐发力，托天的尽力往上举，按地的拼命向下压，天渐渐更往上升，地渐渐更向下沉，本来相隔不远的天地就变成现在这样遥不可及了，高山、大树，再也起不到天梯的作用了。从此，托天的重专门管理天，按地的黎专门管理地。黎到了地上还生下个名叫噎的儿子，噎没有手臂，两只脚翻转上去架在头顶，他住在大荒西极日月山上，这座山乃天门之转轴。他的职责是帮助父亲考察日月星辰运行的先后次序。

帝喾是黄帝的曾孙，阏伯的父亲，是五帝之一。帝喾祠修建于汉，在元明又经多次修复。其殿宇雄伟壮观，松柏苍郁，碑碣林立。庙堂内中央有一口古井。梁上绘有彩龙，彩龙映入井中，栩栩如生。相传大旱之年求雨多有灵验，所以被人们誉为"灵井"。

相传宋太祖赵匡胤不得志时，去北方投奔郭威，路过帝喾陵，抽签问卜，当有天子命。后来他果然在商丘当了归德节度使而发迹。赵匡胤登基后，因商丘是西周时的宋国，又是后来的宋州，因而定国号为"宋"。

◎二帝陵◎

帝喾，姓姬，名俊，号高辛氏，为上古五帝之一。他"生而神灵，自言其名"。是黄帝曾孙，玄嚣的孙子，颛顼是他的堂房伯父。相传帝喾生于穷桑(西海之滨)，母握裒因踏巨人足迹而生下了他。帝喾自小聪明好学，十二三岁便有盛名，十五岁而佐颛顼，封有辛地方(今河南商丘)，实住帝

丘(今濮阳)，三十而得帝位，迁都亳邑(今河南偃师县西南)，在位七十年，享寿百岁。死后葬于今商丘市睢阳区南25公里的高辛集(另一说法帝喾死后葬于濮阳顿丘城南台阴野之秋山。)

帝喾即帝位后，"聪以知远，明以察微。顺天之义，知民之急。仁而威，惠而信，修身而天下服"。他在位的七十年，天下大治，人民安居乐业。

著名文学家曹植曾作《帝喾赞》以颂之："祖自轩辕，玄嚣之裔。生言其名，木德帝世。抚宁天地，神圣灵察，教弥四海，明并日月。"

帝喾有几个儿子在中国历史上也是很有名的。他的元妃姜嫄生了弃(即后稷)。弃是周的始祖。次妃简狄生了契。契是商的祖先。次妃庆都生了尧。尧是历史上有名的圣贤之君、五帝之一。次妃常仪生了挚。挚继承了喾的帝位，九年后禅让给帝尧。

帝喾陵位于商丘市睢阳区南25公里的高辛集。现存墓地为一高大丘，长二百余米，宽一百余米。陵前原有帝喾祠、沐浴室、更衣亭、禅门等古建筑，院中有大量碑刻。现仅存明代碑刻一通。

©华夏人文始祖颛顼帝喾像◎

仓颉造字

　　远古时候还没有文字，人们只能依靠结绳——就是给绳子系疙瘩来记事。结绳毕竟太简单，只能通过绳结的大小与距离的远近来区别事情的不同。用绳结记日期、数目还凑合，要记无形的、复杂的事情，那就无法胜任了。

　　后来传说伏羲氏对结绳方法作了改进，将绳结改为线条。长绳结写成一条长的横线，小绳结写成一条短的横线。他又经过不断的总结发明了八卦，虽然八卦还仅仅是长短横线的组合，但总比结绳省事、醒目多了。

　　一直到了黄帝做中央天帝时，黄帝的史臣仓颉才在总结前人经验的基础上创造了文字。仓颉生得方面大耳，仪表堂堂。更奇特的是，他长了四只眼，目光炯炯，处处显示出他的聪明才智。仓颉一出生就和

◎仓颉造字◎

别的小孩不同,他总爱以树枝当笔在地上到处描画。长大以后,他做了黄帝的史官。做史官就要记录国家大事和天帝的衣食住行,这光靠结绳无论如何是办不到的。于是,他就琢磨怎样才能把事情永久地记载下来。

◎仓颉造字台◎

有一天,他偶然看到地上鸟兽践踏留下的足迹,心中豁然开朗。他想,人们通过地上的足迹纹理可以分辨出是什么禽兽践踏的,那么用不同线条纹理组合成的图形,不也是可以表示一定的意义,并且可以区别出它们的不同来吗?于是,他就仔细观察天地之间各种事物的变化和特征,抬头就看太阳、月亮的圆缺,低头就看乌龟身上的花纹和鸟兽羽毛的色彩,山河起伏的形状,手掌指纹的脉络。仓颉起初是用线条把不同的样子描绘下来,然后再一次又一次地将这些线条图画精简抽象。因为最初是照样画图,看了图就知道它代表什么意思,是表意的,所以叫象形文字。这和西方仅表音的字母有很大的不同。

古书上说,仓颉发明创造了汉字,都惊动了老天爷。老天爷知道一有了文字,就会有大批大批的人脱离土地去咬文嚼字,舞文弄墨,再不用到地里去干又苦又累的农活了,人民肯定要没米下锅,于是就像下雨似的下粮食(天雨粟),让人民储备起来,以防闹饥荒挨饿,同时也告诫人们千万不要"去本(农业)趋末(商业)"。书上还说,文字一出现就吓得鬼哭狼嚎,怕人们给老天爷写信告状治它们的罪(鬼夜哭)。

楷书　篆书　钟鼎文

草书　隶书　甲骨文　大象

刑天舞干戚

继蚩尤之后，敢于跟黄帝争雄的，还有一个名叫刑天的人。

晋代大诗人陶渊明在《读〈山海经〉》诗里面有这样的诗句："刑天舞干戚，猛志固常在。"那么，"刑天舞干戚"到底是怎么回事呢？

原来刑天与黄帝争夺天帝的宝座，被黄帝砍掉了脑袋，这才叫他"刑天"的。天是头顶的意思，刑天就是"砍头"的意思。

刑天本是炎帝神农氏的臣子，一个顶天立地的巨人。他精通音乐，为歌颂炎帝教导人们稼穑的功绩，曾经创作了一组名叫《卜谋》的歌曲，其中有一支歌叫做《扶犁》，还有一支歌叫做《丰年》。刑天对炎帝的宽厚仁爱十分敬佩，但对他的懦弱忍让却十分不满。

炎帝本来是中央天帝，管辖整个宇宙，后来他的兄弟黄帝逐渐强大起来，炎帝居然自动让出天帝的宝座，甘心屈居于黄帝之下，到南方做了一方天帝。对这次让位，炎帝手下的臣子们非常不满，刑天就是其中之一。他一直鼓动炎帝收回中央天帝的神权，炎帝始终没有答应。刑天倚仗自己的身强力壮，想亲自出面去跟黄帝讲理。

刑天偷偷离开炎帝，一手拿了盾牌(干)，一手拿了大板斧(戚)，怒气冲冲地一路杀向中央天庭。黄帝得知有一个大汉手持盾牌、大斧要与他讲理，就披挂整齐来到庭前。刑天一见黄帝，气就不打一处来，历数黄帝侵权夺位的罪状，黄帝只是笑而不答。刑天如何受得了这份窝囊气，不禁怒火中烧，用盾牌轻轻一撞，就把天庭卫兵撞出老远，刑天挥舞着盾牌和大斧，一个箭步冲到黄帝面前，挥斧就砍。黄帝举剑相迎，众天兵天将把刑天团团围住，斗作一团。黄帝不忍心杀死这个忠臣义士，无心恋战，就边打边退，一直退到最西边的常羊山，这是炎帝的出生地，也是太阳、月亮落山的地方。刑天越战越勇，连杀黄帝数百名战将，但最终还是寡不敌众，被众天将绊倒在地，活捉了去。

刑天被五花大绑押着来见黄帝，黄帝仍是笑脸相迎，但刑天依然骂不绝口，黄帝料定若是放了他，必定会招来许多麻烦，后患无穷，只好下令处以极刑，砍去他的脑袋。谁成想刀起头落，刑天的脑袋蹦起三尺多高，仍旧是怒目圆睁，骂不绝口。无头的躯干也不倒下，居然还挣脱了绳索，以双乳为目，以肚脐为口，继续挥舞着干戚。众神一见不好，又砍去刑天的双手，刑天仍用胳膊拿着盾牌、大斧，挥舞不停，大骂不止。

黄帝深受感动，心中十分敬佩刑天的刚烈性子，就令手下将刑天的头厚葬在常羊山旁。据说，这个无头的刑天，至今还在常羊山下，继续挥舞着盾牌、大斧呢。

黄帝梦游华胥国

◎黄帝◎

黄帝自从杀了蚩尤，平定中原以后，勤勉治国十五年，很受人民的拥戴。黄帝颇觉得意，暗自思忖道："既然现在已经国泰民安，我也就不必那么操劳了，也该注意保养自己，享受一下了。"于是，黄帝每日大排筵宴，宫中鼓乐齐鸣，美姬轻歌曼舞，珍馐美酒，异香扑鼻。黄帝每次都开怀畅饮，大醉方休。这样过了几年，黄帝却日渐消瘦，憔悴枯槁了。在奢侈糜烂中的生活中浑浑噩噩，无所适从。

又过了十五年，国家也动荡不安起来。朝野混乱，外族侵犯，旱涝虫灾使得百姓背井离乡。黄帝面对这种情况，不觉忧心忡忡。便决意抛弃奢华的享乐生活，呕心沥血，绞尽脑汁地开始治理国家。结果又变得日渐消瘦，憔悴不堪，整日里昏昏沉沉，无精打采。

黄帝喟然长叹，说道："我陷得太深了！放纵自己，造成深重的祸害；治理国家，也造成同样深重的祸害。"于是便从此抛开诸多的政事，撤去钟鼓乐器，节衣缩食，摒弃贴身的侍仆，离开华丽的宫殿，独自住进宫外简朴的屋子，静静地反省，澄清内心，三个月没有过问朝政。

一日，风和日丽，黄帝却感觉困倦异常，侧身而卧，不一会儿，便酣然而眠。睡梦中觉得自己的身体轻飘飘的，风一吹，便飘走了。也不知飘了多久，最后飘到了一处极美的地方。那里空气清新，直沁心脾；河水清冽，一视见底；田地肥沃，五谷丰登；树木葱茏，花香遍野。黄帝心旷神怡，如置仙境。黄帝遇到了一个农夫，便上前打听。农夫淳朴憨厚，笑容可掬。他告诉黄帝说，这里名叫华胥国，在弇州的西面，在台州的北面。黄帝听了大惊，心想，不知道这里距离中原有几千万里，大概不论步行，还是乘船、驾车，都到不了呀！

黄帝在华胥国里四处游荡，发现华胥国没有官长，没有尊卑，人民没有嗜好和欲望，不知道喜爱生存，不知道厌恶死亡，所以也就没有夭折的说法；不知道更关心自己，不知道疏远外物，所以也就没有爱与憎的分别；不知道背离贫贱，不知道趋附权贵，所以也就没有成败利害。没有喜恶畏忌，即使掉到水里，也不会淹死；身处火中，也不感觉灼热。刀砍不痛，指搔不痒。精神玄冥深远，而又如履平地；内心虚淡，而又像睡在坚实的床上。浮云浓雾不能阻碍他们的视线，雷霆万钧不能搅扰他们的听觉，美或者丑不能触动他们恬淡的内心，高山深谷不能阻挡他们前行的脚步。一切都顺其自然，在天地之间任其畅游，无所不适。

"真是太美妙了！"黄帝大声赞叹道。忽觉身体一沉，黄帝随之一惊，睁开双眼，才恍然知道刚才的华胥国一游只是一个梦。梦醒之后，黄

呕心沥血:呕:吐;沥;液体一滴一滴地落下。比喻用尽心思。多形容费尽心思和精力,也形容为事业、工作、文艺创作等用心的艰苦。唐李商隐《李长吉小传》:"是儿要当呕出心乃已尔。"韩愈《归彭城》诗:"刳肝以为纸,沥血以书辞。"

帝依然心驰神往,便召来天老、力牧、太山稽三位大臣。黄帝对他们说:"我独自幽居了三个月,排除杂念,静心反省,思考修身治国的道理,却愈发迷惑而不可得。后来,我疲倦困乏,倒身入睡,竟做了一个奇妙的梦。"接着,就把梦游华胥国的情景一一说给三位大臣听。

三位大臣听后,连连称奇。黄帝又慨叹地说:"现在我明白了,最高深的大道不能刻意勉强求得。我知道了,我得到了,而我却无法用言语告诉你们啊!"

从此以后,黄帝摒除杂念,清心寡欲,宁和养身,从容治国。这样过了整整二十八年,天下大治。政通人和,百姓安居乐业,繁荣的景象几乎比得上梦中的华胥国了。

后来,黄帝以高龄去世。百姓们听到了这个噩耗,痛哭悲号,感天动地。

黄帝通过梦游华胥国,悟到了"无为而无不为"的道理。懂得了只有无心无欲,无爱无憎,不刻意,不造作,顺天而为,与天合一,个人才能自然而然地颐养天年,国家才能自然而然地得以大治。故事中道家的无为治国思想,完全摒弃人为改造社会的能动性,是不值得提倡的。但向往无尊卑、无私欲的社会却有积极意义。

羿射九日

羿是玉皇大帝任命的射猎之神，在远古的渔猎时代，人们都在家里虔诚地供奉他。羿自小就不喜农桑，惟好射猎。那时候大地之上农田极少，到处都是森林和草原，野生动

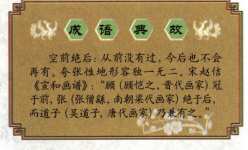

物繁殖极快，虎豹豺狼、獐狍野鹿随处可见。但是那时候人们还没有发明狩猎工具，每次围猎都须动员大批人众手持木棒石块，围追捕打。遇有围猎大型野兽，人兽难免贴身搏击，每次狩猎都有人员伤亡，不仅效率极低而且危险性极大。羿是个好动脑筋的青年，一次他只身东游，来

到东海之滨，见东海岸边生有一种名叫柘桑的树木，此树即当年炎帝小女女娃在发鸠之山夜宿其下的那种树，后来女娃溺于东海，一灵不灭化为精卫，在衔西山之石以填东海之时，即将柘桑之木的种子衔到了东海

岸边，由此柘桑之木在东海岸边得以安家落户。在柘桑之木的枝条之上，正有一只精卫衔石而落。只见那柘桑之木的枝条在精卫的踏登之下，垂而着地，遇地返弹又载着精卫再复原状，如此上下反复颠颤不已。羿站于树下，试攀枝条，原来此树之枝条极为柔韧。羿本青年，嬉戏之性不改，从地上拾一圆石，攀枝着地，将圆石按于枝上，然后猛然松手，只见那枚圆石被枝高高弹起，旋即不知去向。此一游戏之举，使羿忽生奇思妙想：若以此枝弯成半月之形，缚以弦索，按石于索，拉弯半月之枝，然后猛然松手，定可使石击中远方之物。于是他砍枝为弓，剥柘桑之皮为弦，制成了天下第一张弓。自此他在东海之滨反复习练以弓弹石击物的绝技，经近千年的苦练，终至练成弹无虚发，达到可穿山裂云之境。

©新石器时代圭©

羿本黄帝的第九世孙，在其只身东游之后不久，就发生了黄帝与蚩尤的大战，黄帝在涿鹿之野大败蚩尤，天神即召黄帝到他身边充任谷神，此其时羿尚在东海之滨苦练弹射之技，因而不得与黄帝同行。当羿练成弹射绝技返回家乡时，那里已经没有他的亲人了。他在家盘桓数日，从邻居口中得知黄帝已被天神征召去做了主管农业的谷神，觉得家乡对他已经了无趣味，就又回到了东海之滨再练弹射之术。

羿回到东海之滨之日，正是夸父追日不久之时。夸父以其有形无质之身得以踏上太阳，与太阳精三足乌闲话了两个多时辰，夸父把自己的所经所历绘声绘色地讲给了三足乌，只听得三足乌艳羡不已，忽动到人间走走看看之念。这一日它趁夜晚休息之时，偷偷潜往人间，为免两眼之光惊扰世人，它在东海之内捕捉一只盘古开天辟地时身上之寄生虫所化的巨型黑鱼，剥下鱼皮蒙住双眼。来到人间，第一站即直奔华山，他很想看看夸父是如何将华山一劈为二的。说来也巧，它刚到华山极顶就碰到了盘古开天辟地时身上的寄生虫所化的一只母鸦，三足乌本为盘古左眼所化，在盘古生时经常见到这只母乌鸦在盘古身上飞来飞去，此一见真有故人相逢之感。两鸦四目相投，不禁都有眷眷相恋之意。三足乌虽然眼罩黑鱼皮，但那毕竟是一双神奇无比的眼睛，华山母鸦透过黑鱼皮仍可见到那温柔爱恋的眼神。两鸦抵抗不住情爱的诱惑，就在这华山极顶成就了一对乌鸦夫妻。自此三足乌无日无夜地与华山乌两情绵绵。这样，日来月往，爱情之种结下了果实，华山乌竟一下产下九只鸦卵，三足乌知道此卵是自己精液所化，必非凡种，留于人间必酿祸患，于是与华山乌相商将九只鸦卵统统带归天上。此九只鸦卵经三足乌的孵育，破壳而出，成了九只小三足乌，由于得自老三足乌的遗传，这九只小乌也都眼放银光，光笼黑羽，远见一片金黄，俨然又是九只太阳之精。从此天上由一个太阳变成了十个太阳。

世间任何事物多一个少一个都无关紧要，只有这太阳却不能多亦不能少。由于十日并出，立时天下大旱，花草树木皆由于炎热干旱而根枯叶焦，一时间赤地千里，人们为了躲避太阳的暴晒，纷纷逃入山洞。各种野兽由于树木花草的焦枯而无处藏身，纷纷冲出森林草莽。更为严重的是野生动物原本是相生相克维持着生态平衡，比如食肉类野兽本来以食草类野兽为食，食草类野兽则以鲜草嫩枝为食，这十日并出，森林草原皆已枯无，食草类野兽再无生存之地，自身尚且难保，也就更顾不得繁殖后代了。食肉类野兽由于食物供给出现危机，就不顾一切冲入山洞以人为食。在这些食肉野兽中最为凶猛的是猰、凿齿、九婴、大风、大野猪和大蟒蛇。猰是我们今天所说的恐龙，它非常善于奔跑，力大无穷，人类无法与它相抗；凿齿是一种巨型凶兽，牙长三尺，其牙

如凿，哪怕是参天大树，只要几口就能咬折；九婴是水陆两栖动物，即现今所说的大鳄鱼，不过那时它的体型之大有现在鳄鱼的上百倍；大风是一种巨大无比的鸟，只要它两翅一扇，鼓起的风就可折树掀屋。至于大野猪和大蟒蛇的体型也都是今天的野猪、蟒蛇体型的数十倍。上有十日为害，下有野兽为患，人类又面临自女娲补天以来的又一次灭顶之灾。

◎朱砂彩陶瓮◎

羿于东海之滨，眼见人类遭此大难，不由激起侠义心肠。于是他前往发鸠山，找到那棵最老的柘桑树，贴根砍下，去掉枝叶，以其干弯成一支空前绝后的大弓，以柘桑之皮搓成巨索作为弓弦，捞长江入海口处之巨大河卵石作为弹丸，端整齐备之后即向中原大地进发。他先到昆仑之东猰的聚居之地，将其尽数射杀于寿华之野；又到大咸之山凿齿聚居之处，将其尽数射杀于大咸山之下；又到达母逢山大风聚居之处，将其尽数射杀于鸡号之山下。从此猰、凿齿和大风就灭种绝迹了。九婴、大野猪和大蟒蛇自知不是羿的对手，遂销声匿迹，潜伏不动，因而没被羿射杀，还留有种类在人间。解决了大地上的野兽之患以后，羿就弯弓搭弹上射三足之乌，一日之间他从东海岸边，追至西海岸边，射杀了九只三足乌鸦。这被射杀的九只三足乌鸦都是那只老太阳之精和华山之上的那只母乌鸦所生的子女。射下了九只三足乌鸦之后，羿就想："大地之上不可没有了太阳，只有太阳才能给人以白昼，给人和动植物以光和热。十日并出能危害于人，而一日悬空却可造福于人。"于是对那最后的一只三足乌也就弃而不射了，所以至今在天空上还有一个太阳。剩下的这只老太阳之精有时也难免旧情复发，乘夜晚休闲之机也常常与华山母乌鸦叙叙夫妻之情，但从此以后就决不再生育子女了，世界也因而不再会多出太阳了。

羿射九日之后不久就被他的弟子逢蒙暗害而死，天神怜念他为人类立此大功，也像对待夸父一样，让他的三魂六魄凝而不散，也成为一位有形无质的大神。炎帝当上了玉皇大帝，就任命他为总领三界射猎之事的射猎大神。

逢蒙杀羿

羿的妻子嫦娥奔月以后，羿的心情很烦躁。他每天带着家丁外出打猎，回到家中便借酒浇愁，动不动就大发脾气，家丁们很怕他，都躲得远远的。

家丁中有一个叫逢蒙的，是一个勇敢而机灵的人。羿打心眼里喜欢他，为培养射术传人，就收他当徒弟，教他射箭。

逢蒙刚开始学习射箭，羿就对他说："你要学射箭，先要练不眨眼睛的功夫，去把这个本领学好了再来找我吧。"逢蒙回到家里，按照师傅的要求，从早到晚躺在妻子的织布机的下面，用眼睛对着那上下跳动的脚踏子，脚踏子动而眼睛不动。这样过了一段时间，就是拿锥子去逼近他的眼睛，也休想使他的眼睛眨一下。于是逢蒙欢天喜地地去告诉老师，老师说："这不行，还差得远着哩。下一步要学会看东西，把小东西看成大东西，把不起眼的东西看成起眼的东西，到那时候再来告诉我吧。"逢蒙回家就找了一根牦牛尾巴上的毛，拴上个虱子，把它悬挂在南面的窗户下，每天练习看虱子。过了十几天，便觉得眼中的虱子变大了。再练好长一段时间，那虱子看上去就像有车轮那么大。再看别的东西，简直跟大山小山一样

◎嫦娥折桂◎

了。于是又欢天喜地地去告诉老师，羿这才真的替他高兴起来，就对他说："你现在可以学射箭了！"于是就毫无保留地把自己的本领全都教给了徒弟，没留一点后手。

一来二去，逢蒙的射术差不多跟老师一样好了，天下闻名。凡是提起射箭的人，都把羿和逢蒙相提并论。羿也为有这样好的徒弟而感到自豪。但是心胸狭窄的逢蒙却不大愿意有这么一个本领比他高强的老师。有一次，师徒二人正走在路上，天上飞过来一群大雁。逢蒙心想，何不趁此机会和老师一较高下呢？逢蒙先射，他连发三箭，箭无虚发，有三只大雁先后应声落地，箭箭都正中雁的头部。看到这状况，羿一时兴起，随手从袋中取出三支箭来，朝空中那些惊慌四散的目标射去，三支箭也射下了三只大雁，也同样射中头部，而且是在那些大雁惊慌四散时射中的，很显然要比逢蒙技高一筹。逢蒙这才知道自己还不是老师的对手。他的嫉妒心又发作了，萌生出一个罪恶的念头。

一天下午，羿刚从外面打猎回来，快要到家的时候，忽见树林子里有个人影一闪，接着就有一支箭向他飞来。羿眼疾手快，急忙拈弓搭箭，向那支飞来的箭射去，只听"哐当"一声，箭尖

◎新石器时代人面纹玉饰◎

正对着箭尖, 在空中迸出闪闪的火星子, 落在了地上。紧接着又有一支箭飞来, 一连九箭, 都被羿射了下来。羿定睛一看, 向他施放暗箭的不是别人, 正是他心爱的徒弟逢蒙, 还有一只箭已在弦上, 正对准着他的喉咙。

羿的箭已经用完, 只有招架之功, 并无还手之力, 这当儿又一箭流星般地飞射过来, 那箭稍微偏上一点, 射中他的嘴, 他一个筋斗从马上滚落下来。

逢蒙见羿已死, 便慢慢地凑上前, 想瞧瞧羿的死相。可是刚走到跟前, 羿睁开眼睛"扑棱"一下坐了起来, 吓了逢蒙一大跳。

◎新石器时代龙形佩◎

"你白跟我学了这么久,"羿吐出嘴中的箭, 笑着说,"难道连我的'啮镞'法, 都没学到吗?真是短练。等学好了再来跟我较量吧!"

"老师, 饶了我吧, 再也不敢了……"逢蒙"扑通"一声跪下, 头捣蒜般地哀告说。

"我饶你这一回, 以后别再丧良心啦。"羿不屑一顾地摆了摆手, 便翻身上马, 自个儿走了。

这以后, 逢蒙表面上装出很顺从、低三下四的样子, 可心里却恨死了。羿是个宽宏大量的人, 既往不咎, 外出时照样带上逢蒙。但他的脾气却越来越坏, 家丁们都忍受不了主人的虐待, 怨声载道。逢蒙认为报仇的时机已到, 准备突然下手。他用桃木削了一根大棒子, 随时带在身上, 说是挑猎物用。一天, 正当羿一门心思射猎时, 逢蒙突然操起桃木棒, 朝羿的后脑狠狠一击。羿冷不防地给打蒙了, 像座山似的倒下去。这位为民除害、顶天立地的英雄, 就这样被忘恩负义的弟子害死了。

但是人们并没有忘记他, 人们把他当做神世世代代祭祀他。

◎新石器时代琮◎

望帝杜宇

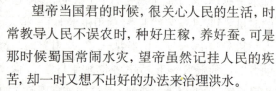

　　唐代大诗人李白在《蜀道难》一诗中开篇就写道："蚕丛及鱼凫，开国何茫然。"这里所说的蚕丛和鱼凫，原是古代蜀国(在今四川)两个国王的名字。据说远古时代的蜀国，第一个称王的是蚕丛，他曾经教给人民养蚕，"蜀"字在甲骨文中画的就是一条蚕。蚕丛以后再隔一代的王就是鱼凫。鱼凫晚年出去打猎，忽然得道成仙，飞上了天空。

　　传说鱼凫成仙后，又不知过了多少年，有一个男子，名叫杜宇，从天而降，降落到朱堤(在四川省宜宾县西南)山上。有一个女子，名叫利，因为她是从江源(在今四川省松潘县西)的水井里钻出来的，所以也叫江利。杜宇身材魁梧，勇敢有为。江利温柔贤惠，心灵手巧。一个有意，一个钟情，二人便结为夫妇。杜宇自己当了国王，号称望帝。他把郫这个地方作为首都。

　　望帝当国君的时候，很关心人民的生活，时常教导人民不误农时，种好庄稼，养好蚕。可是那时候蜀国常闹水灾，望帝虽然记挂人民的疾苦，却一时又想不出好的办法来治理洪水。

　　有一年，望帝忽然接到报告说：从江里逆流冲上来一具男子的尸首，人们都到江边上观看。望帝也感到很奇怪，尸首怎么会逆流而上呢?他亲自带领几个人来到江边，叫人把尸首打捞上来。不一会儿的工夫，那尸首竟然复活了，他自报家门说自己是楚国人，名叫鳖灵，在家乡不小心掉到江中，一直漂到这里。两个人谈得很投机，杜宇觉得这个人精明强干，而且还识水性，是个用

◎杜鹃花◎

得着的人。当时蜀国常闹水灾，杜宇就让他做宰相，专门负责治水。不久，果然暴发了一场洪水，原因是玉垒山(即四川省灌县的玉山)挡住了水流的去路。这场来势凶猛的洪水和尧时的洪水不相上下，无数的村庄和田园被淹没了，不少人畜葬身鱼腹，简直是一场浩劫。望帝就派鳖灵去治理洪水。鳖灵不辱使命，带领大家硬是把玉垒山凿开一条通路，使洪水顺畅地流入岷江，解除了恼人的水害，让老百姓又过上了安居乐业的日子。

望帝因为鳖灵治水有功，便自愿把王位让给他。鳖灵即位后，号称开明帝，又叫丛帝。望帝自己则搬到西山去过隐居生活，连妻子也没带。鳖灵做了一国之主后，竟一天天骄奢淫逸起来，不仅大造宫室，选拔美女，而且连望帝的妻子也不放过，将其霸占。望帝知道这件事后，非常痛心，却又一点办法也没有，只好整天唉声叹气，以泪洗面。后来望帝临终时，托付西山的杜鹃鸟说："杜鹃鸟啊，你叫吧，你把杜宇怨愤的心情，叫给人民听吧！"此后，杜鹃鸟就在蜀国的各处飞来飞去，日夜悲啼，让人心酸，直叫得口中淌血。也有的人说，杜宇死后，他的魂灵化作了杜鹃鸟。人们一听到杜鹃的叫声，便想起死去的君主，心中产生一种悲凉的感情。

愚公移山

太行和王屋两座大山，方圆七百里，有万丈之高，本来是在冀州(河北的别称)的南部，河阳(今河南省孟县西)的北部。

北山有个叫"愚公"的老头儿，年纪快到90岁了，他家的门口正对着太行、王屋这两座大山。大山挡住了他家的通路，进来出去都要绕着道走，别扭死了，于是愚公便召集全家人一起商量，他说："我和你们竭尽全力去挖平这两座高山，开出一条通往豫(河南的别称)南的路，一直达到汉水(在今湖北)以南，你们说好不好?"大家异口同声地表示赞成，说："那当然好了。"只有她的老婆表示怀疑，说："靠你们这点力气，恐怕连魁父那样的小山包都搬不动，更别提太行、王屋这两座大山了。更何况挖出的泥土和石块又往哪儿放呢?"

大家说："把土石挑到隐土以北、渤海边上一倒不就得了。"于是愚公带领他的儿子和孙子，三个人挑着担子，将挖出的泥土和石块挑到

渤海海边去倒掉。邻居京城氏的寡妇，有个儿子才七八岁，刚到换牙的年龄，也蹦蹦跳跳地来帮着忙活。他们这样用肩膀挑，从冬到夏只能往返一个来回。

◎新石器时代动物面纹玉嵌饰◎

愚公的老朋友河曲(古地名，在今山西省西南，黄河从北向南而曲折向东的地方)智叟知道了，讥笑着对他说："你怎么这么傻呢！你风烛残年，恐怕连山上的一根草也拔不动，还想搬走这么多石头土块？"愚公信心十足地说："你这个老头子真顽固得可以，简直连寡妇和不懂事的小孩子都不如。将来我要是死了，还有儿子在呢，儿子又会有孙子，孙子又生儿子，儿子又有孙子。子子孙孙，无穷无尽，可是那山却不会再长高了，怎么就挖不平它呢？"愚公的这席话，说得河曲智叟哑口无言，再也不说什么了。

手里经常拿着条蛇的山神，听了这话，十分害怕愚公的那种坚持不懈的精神，吓得他赶快报告天帝。天帝也被愚公的那种顽强的毅力感动了，便命令夸娥氏(力大无比的天神)的两个儿子下凡去帮助他。两个人一人背起一座大山，一座安置到朔州(今山西朔县)的东部，一座安置到雍州(今陕西北部、甘肃西北部)的西部。从此以后，从冀州的南部到汉水以南，便畅通无阻了。

尧舜禅让

传说黄帝以后，在黄河流域的部落联盟出现了尧、舜、禹三位著名的领袖。关于他们"禅让"的故事，古书上有不少的记载。

尧，号陶唐氏，是帝喾的儿子、黄帝的五世孙，居住在西部平阳(今山西省临汾县一带)。尧虽然是部落联盟的首领，却和大家一样住茅草屋，吃糙米饭，煮野菜汤，夏天披件粗麻衣，冬天只加块鹿皮御寒，衣服、鞋子不到破烂不堪绝不更换。老百姓拥护他，如爱"父母日月"一般。

尧在位70年后，年纪大了。他的儿子丹朱很粗野，好闹事。有人推荐丹朱继位，尧不同意。后来尧又召开部落联盟议事会议，讨论继承人的人选问题。大家都推举虞舜，说他是个德才兼备、很能干的人物。尧很高兴，把自己的两个女儿娥皇、女英嫁给舜，并考验了他三年才将帝位禅让给舜。

舜，号有虞氏，传说是颛顼的七世孙，距黄帝九世，生于诸冯(在今山东省境内)。舜接位后，亲自耕田、打鱼、制陶，深受人们爱戴。他通过部落联盟会议，让八元管土地，八恺管教化，契管民事，伯益管山林川泽，伯夷管祭祀，皋陶作刑，完善了社会管理制度。他也仿照尧的样子

梁启超：华夏民族政治统一机关之建设，实滥觞于舜禹。禅让云者，亦只能心知其意，而其陈迹殊有不必深求者。当知古代帝位，非如后世之尊严，帝权非如后世之强大，元后于群后，各自长其部落，势位并非悬绝。诸部落大长中，有一焉德望优越于侪辈者，朝觐讼狱相与归之，遂称为天子，其人云亡。朝觐讼狱别有所归，帝号亦随而他属。《太古及三代载记》

召开继位人选会议，进行民主讨论。大家推举禹来做继承人。舜到晚年身体不好，依旧到南方各地去巡视，竟病死在去苍梧（今湖南境内）的途中。舜死后，禹做了部落联盟的首领。

尧舜"禅让"的历史传说，反映了原始公社的民主制度。尧和舜生活在四千多年以前，是原始社会向阶级社会过渡的时期。这时候，在氏族公社里，虽然生产资料如土地、牧场等仍归全氏族公有，但是，以前那种全氏族成员集体农耕、集体打猎的制度，渐渐被以家庭为单位的劳动生产所代替。生产由公共事务变成了个人的事。氏族内的私有财产日益增多，特别是氏族、部落的首领凭着手中的权势占有大量财富，成了贵族，阶级分化出现了。在战争中抓到的俘虏不再杀掉，而被留在氏族里从事劳动，作为父系大家庭的家内奴隶，奴隶制度开始萌芽。

随着私有制的发展和阶级分化，部落之间的掠夺战争频繁。氏族

◎尧◎

部落的贵族经常通过对外战争掠夺大量财富和奴隶，从而扩展他们所控制的地盘。这种掠夺战争成了氏族贵族发财致富的主要手段。据史书记载，尧率领各氏族部落对三苗进行了长时期的战争。三苗活动在长江、汉水之间，可能是三个部落。有一个部落的首领叫驩兜，一度参加了以尧为首的部落联盟。舜也对三苗进行过战争，"分化三苗"，"更易其俗"，把驩兜放于崇山，对三苗做了全面的

改造。到禹的时候，兴师动众，大举进攻三苗。在一次交战中，禹射中了对方的一个首领，"苗师大乱"。三苗吃了败仗，退到江南去了。不少战俘做了奴隶。

由于战争的需要，一些近亲的氏族部落结成了部落联盟，各部落联盟设有军事首领。因为这时氏族公社里的生产资料还没有完全变为私有，旧日的氏族还具有一定的势力。所以，在氏族部落和部落联盟里还实行民主制度。部落联盟的首领在决定重大事件和准备进行战争的时候，首先要召集部落联盟会议，由各部落的首领参加，共同议事。这是部落联盟的最高权力机关。军事首领必须服从并执行这个会议的决定。部落联盟军事首领的任命和改选，也要经过部落联盟会议的民主评议和推举。这种制度叫军事民主制，是原始社会向阶级社会过渡时的社会组织形式。

军事民主制虽然保留着氏族公社的民主色彩，但已经同原来意义上的全氏族成员的民主平等有了区别，只是供少数贵族享受的"民主"了。这种军事民主制度的出现，标志着氏族社会末日的来临。

◎新石器时代彩陶鹳鱼石斧图◎

◎新石器时代磨盘◎

虞舜以孝闻天下

舜，是颛顼的六世孙。虞舜20岁以孝闻名天下，30岁为尧所知并娶其二女。50岁代尧行天子之政，在位39年。虞舜所处的时代，是历代政治家最为向往的社会。其时华夏族疆域扩大，政治清明，百姓安康。

对于有缺点的父母该不该爱?舜用他的行动为世人树立了一个榜样。

舜的父亲名叫瞽叟，就是"瞎老头"的意思。因为他有眼而不识贤愚，便得了这样一个诨号。舜生下不久，母亲就死了。幼小的舜从未得到过父亲的疼爱。瞽叟不久又娶了一个年轻貌美的妻子，生下一个叫象的儿子和一个女儿，舜的日子就更不好过了。舜得不到一点家庭的温暖，性格却非常笃厚善良。他遭到父亲的毒打，总是默默地流泪，实在忍受不了时，就独自跑到荒野里大哭一场。尽管这样，舜仍然仁爱地对待他的父亲、后母和弟弟妹妹。

经过无数个难挨苦熬的日日夜夜，舜终于长大成人。他孝敬父母、友爱弟妹的贤名已传遍华夏各部。但是，狠心的父母待他依然如故，舜只好离家出走，来到他早就向往的东方。

舜先是在历山开荒种地，没过多久，历山的农民受他的感化，都争着让起田界来。舜又到雷泽去打鱼，过了不长时间雷泽的渔夫也都争着让起渔场来。舜后来又去寿丘制造各种家具器物，人们听说后纷纷迁来居住，仅一年时间，这地方就成为村庄，再过一年就成了一个较大

◎舜◎

的集镇，又过一年竟成为很大的城市。舜的名声由此更加显扬。

天子尧很赏识舜的天资和为人，决定让舜继承帝位，并把两个女儿娥皇、女英嫁给舜，让九个儿子伴随舜。结果在舜的感召下，尧的两个女儿都不敢以帝女自骄，而是像一般人家那样与邻里和睦相处。尧的九个儿子也都尊敬舜，性格也日益笃厚恭谨。尧非常高兴，于是赐给舜一把琴和一套细葛布衣，为他修建了几间谷仓，并且给了他一群牛羊。

舜自己做了天子的贵婿，并没有忘记他的父母，于是带着两个妻子去见家人。瞽叟一家人见舜携妻载物归来，非但没有收敛恶心，反而处心积虑地想把舜害死，好得到他的财产和妻子。

◎娥皇女英◎

有一天，象喊舜去修缮谷仓，舜回家告诉了妻子。两个妻子每人送他一个竹笠遮阳。当舜爬上谷仓后，象和瞽叟就从下边搬走梯子放起火来。舜将竹笠举起，从谷仓上跳下来，竹笠像鸟翼一样，增加了浮力，他居然没有受一点伤。

瞽叟和象一计未成，又想出另一阴谋。

这一天，瞽叟又叫舜去浚井，舜又回家告诉了妻子。两个妻子每人送他一柄锋利的铲子。舜下井后迅速在井壁用两把铲子凿了一个洞穴，刚刚凿完，瞽叟和象就搬来土石，往井里填土，填了一阵，听听井里没有动静，以为舜已死去，非常高兴，于是立即跑回家去分赃。

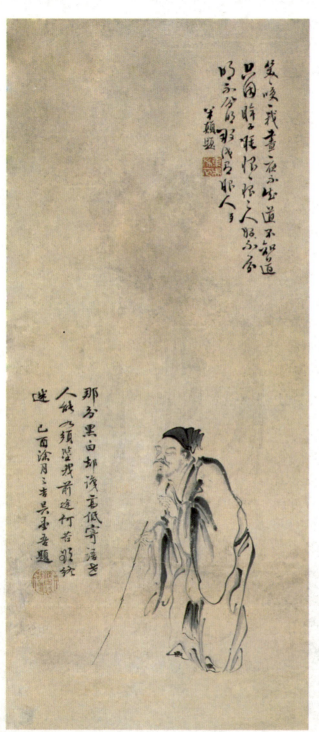

象抢功说："主意是我出的，两个嫂嫂和琴分给我，牛羊财物，就给了爹妈吧！"说完就飞快地跑到舜家，拿着琴在那里摆弄，想得到两个嫂嫂的欢心。没想到，舜已用两把利铲把井凿通赶回家来。象见了大吃一惊，非常生气，过了好一阵才说："我正在想念你呢！"

舜丝毫也没有生气的样子，很平静地回答说："如果这样，你一定很懂得兄弟情义了。"

瞽叟和象还不死心。他们又借赔礼之名请舜饮酒，想把他灌醉后杀死。不想此事被舜的同父异母妹妹闻知。她同情哥哥的遭遇，连忙把这事告诉了嫂嫂。当象来请舜时，两个妻子分别送给舜一包解酒的东西，然后舜就去赴宴了。

宴会上，陪酒的人都醉得不省人事，而舜却毫无醉意，这场阴谋又失败了。

经过这几件事以后，舜待父母弟妹更加孝悌友爱。瞽叟和象深受感动，回心转意，一家人从此和和睦睦地过起日子来。

舜用自己的一颗爱心感化有缺点的父兄，被世人传为佳话。太史公司马迁赞誉舜说："天下明德皆自虞帝始。"

许由洗耳

距现在四千多年以前，中国还处在原始社会末期。那时候的君主是由老百姓选出来的，他们之所以能够被选上，是因为他们既能干，又公正，能够勤勤恳恳地为大家办事情。所以，在那时候，当君主是一件苦差事，既没有什么特殊的享受，还要没日没夜地奔忙。

当时，有一位君主叫做尧(唐尧)，他对待老百姓非常仁厚，做每件事都要先替老百姓打算，而自己却吃野菜羹，穿最贱的鹿皮衣。他居住和办公的"宫"，除了大一些以外，也和老百姓的房子没有多大区别。在尧的治理下，老百姓安居乐业，丰衣足食，生活得非常愉快。

可是，尧到了晚年，有一件事很让他伤脑筋。他想到自己年龄越来越大，精力越来越不济，是该找个人来接替自己的时候了，可是一时间还找不到合适的人。那个叫虞舜的小伙子虽然很不错，但毕竟还太年轻。前些日子，尧刚把自己的女儿娥皇和女英嫁给舜做妻子，希望她们能帮助舜努力工作，勤奋学习，使舜将来能成为治理天下的人才。不过，眼下舜还年轻，远水解不了近渴啊，必须立刻开始寻找接班人。否则，自己一旦病倒，老百姓的事情就没有人去办了。

第二天，尧就把大臣们都叫来，对他们说："现在我已经老了，好多事情我办起来已经力不从心。虽然说新君主要老百姓来选，可咱们必须先找到合适的候选人，百姓才好选择呀。几年前，我曾经请那位叫巢父的高人来接替我，可他不愿意，以后就不知躲到哪里去了。现在你们看看，还有什么合适的人选吗？"

大臣们议论纷纷，因为这是选择新的君主，必须才干和品德都好

◎灰陶◎

的人才能胜任，所以谁也不敢贸然推荐。过了一会儿，老臣羲和忽然说："听说许由这人很有才干，可没有和他打过交道，不知道是否名副其实。"

尧猛地一拍大腿，叫道："嗨，我真是老糊涂了，怎么把这位高人给忘掉了！"

大臣们也纷纷赞成，都说这人名气很大，应该把他请来，看看他能否胜任。尧当即决定派人去请许由。

可是，派去请许由的人接二连三地失望而回，他们说，许由一听说是请他去接尧的班，竟话都不说，就把他们打发走了。于是，尧决定亲自去找许由。

尧找到许由家里，一看许由原来是个五十多岁的小老头，身材不高，长得挺精神，只是神情很高傲。

尧谦恭地对许由说："许先生，俗话讲得好，日月已经升上天空，一支火把还想发出光亮，这不是太困难了吗？春雨已经降临，还要靠担水去浇灌，不是白费力气吗？先生您就如同日月，如同春雨，一旦站出来，必然会天下大治。可是现在我还徒劳无益地占着君位，实在问心有愧。请先生为百姓着想，代替我来君临天下吧！"

许由冷笑一声答

道："您不要再说了，我是不会当什么君主的。您治理天下多年，已经挺有成绩了。这时候让我来接替您，难道想让别人议论我是求虚名的人吗？要说我这人哪，就是只求实际，不图虚名。"

尧连忙说："您为百姓而治天下，怎么会有人说您求虚名呢？人们只会赞扬您为百姓献身呀！"

"嗨！您怎么不明白我的意思呢！我对这种赞扬一点也不感兴趣。您见过鹪鹩这种鸟吗？它在深林中做巢，有一根树枝也就满足了；还有我们这里的鼹鼠，它喜欢饮河水，只要能喝饱一肚子河水，它就别无所求了。我也是如此，只要能够温饱就心满意足了。您说天下需要人去治理，这是你们的事情，与我毫无关系。打个比方说吧，厨师不做饭了，祭师即使饿着，也不会代替厨师去做饭的。"

不管尧怎么恳请，许由就是不答应，尧只好扫兴地回到都城。几天之后，有人来报告，说许由怕尧再去请他，不知跑到什么地方躲起来了。

许由跑到哪里去了呢？其实，他没走多远，就在颍水河对岸的箕山脚下住了下来。很快，就有人把许由的新住址告诉了尧。尧想：许由这样谦虚，不正是有真才实学的表现吗？我还是要想办法请他出来接替我。一下子办不到，我就分两步走。于是，他派人去请许由来当九州长的职务。当时，中国就称为"九州"。"九州长"实际上就是管理整个国家的负责人，只不过名义上不叫君主罢了。尧希望这样可以使许由答应出山，来治理国家。

没想到，派去的人刚把这个意思说出来，许由就把耳朵捂起来，脸上一副痛苦的样子，嘴里不住地喊："您不要说了！不要说了！这些话简直把我的耳朵都弄脏了！您回去告诉尧，叫他死了这份心。我许由一生不图虚名，只求安安乐乐、清闲自在地活着。快走！快走！"

等来人走远了，许由才把捂耳朵的手放下来，嘴里还在嘟囔着："这些追求虚名的世俗之人啊，真叫我没办法。要我当什么九州长？这话听起来就叫人恶心！"

他一边说，一边不住地用手掏着耳朵，越掏越觉得耳朵被那些话弄脏了。"不行，我得去把耳朵洗洗。"于是他站

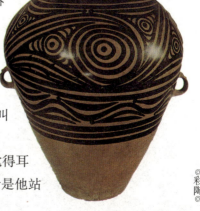

◎彩陶◎

◎彩陶◎

起身，带上一顿干粮，锁上房门走出来，向颍水河方向走去。一边走还一边掏着耳朵。

路上有人看见许由这副怪样子，就问他出了什么事，他回答说："嗨，别提了，尧派人来请我去当什么九州长，这些话真是俗不可耐，弄脏了我的耳朵，我要到颍水河边洗洗耳朵！"

人们听许由这么说，都觉得奇怪：怎么还有听人说话把耳朵听脏了的事呢？于是围观的人越来越多，大家议论纷纷，都猜不透许由的心思。

许由走了几十里路，来到颍水河边，他拣了块干净地方蹲下来，从河里捧起清凉的水来洗耳朵，先洗左边，又洗右边。洗了一会儿，他抬起头来，发现这里静悄悄的，一个人也没有，就停下来，打算歇息一会儿。忽然，他听见有人从远处走过来，越走越近，许由连忙又低下头去洗耳朵。

一个苍老的声音在许由身后响起来："这位老弟在干什么呀？"许由回头一看，见是一位须发皆白的红脸老人站在那里，手里还牵着一头小牛犊。许由看这老人不像一个普通人，就把事情的经过又讲了一遍。

不料，老人听完之后哈哈大笑，笑得连胸前的白胡子都抖动起来了。这下子把许由搞得莫名其妙，连忙问老人为何发笑，老人却不回答，只顾牵着小牛犊向河的上游走去，一路走，还一路笑着。

许由忽然想起，有人曾告诉他，这附近的山里隐居着一位老人，就是当年拒绝尧请他去当君主的巢父。这位老人在山中的大树上建了个小木屋，就像鸟巢一样。所以大家都称他"巢父"。

他连忙追上去问道："莫非您就是那位德高望重的巢父老先生吗？"老人仍然在笑，也不回答许由，只顾走路。许由又跑到老人前面，拦住去路，说道："老先生只顾大笑，难道没有什么可以指教我的吗？"

◎彩陶◎

90

老人这才停住笑，说："我是在笑你啊！你就是那个许由吧！我原来听说你这人德行不错，可没想到，你也是个表里不一、追求虚名的人啊！"许由不禁一愣："您怎么会这么想呢？""你不必抵赖，你如果真是那么不愿当君主，干脆早点躲进深山，隐姓埋名不就完了吗？可你呢，还在外面招摇过市，想让人们都知道尧是怎样恳求你，而你又是多么清高地拒绝他。这只能说明你不是一个诚实的人，内心并不真正清高，只不过想骗取世人对你的敬佩罢了！"

◎金代许由巢父镜◎

说完，老人牵着小牛犊要走，临走还说："嗨，真晦气！好不容易下一次山，又碰上这么个虚伪的家伙，你怕尧的话脏了你的耳朵，我还怕你洗耳朵的水脏了我这小牛犊的嘴唇呢！小牛啊，你忍一忍，咱们到河上游去饮水吧，这里的水不干净了！"

这番话说得许由满面羞愧，无地自容，他知道，这老人一定就是巢父老先生了。他望着老人的背影鞠了一躬，说道："承蒙您的教诲，我知道错了。"

第二天，许由就卷起铺盖，进山隐居去了，此后再也没有出过山，一直到老死在山上。

大禹治水

传说禹是从父亲鲧尸体的肚子里生出来的，出生后立刻化作一条金鳞闪闪的虬龙，腾空而起。他向天帝请求，让他继承父亲的事业，到下方去平息为害多年的洪水，把人民从苦海中解救出来。天帝见他人高马大，意志坚强，智慧出众，具有非凡的本领，便很痛快地答应了禹的请求，并主动把天庭的宝物息壤赏赐给他。

虬龙禹到下方治水的事，给降下洪水的水神共工知道了，他气不打一处来，要跟禹比试一下高低。于是他又把那洪水激发起来，一直从西边淹到东边的空桑(今山东曲阜)。

禹在开工治水之前，先在会稽山(今浙江绍兴)召开了一次群神大会。开会时，大家都到齐了，只有防风氏落后。禹为了严明纪律，就把他处死了，以此向持怀疑、观望态度的人表明自己治水的决心。

关于杀防风氏的事，还有一段趣闻。

据传，因为防风氏身材特别高大，足有三丈多，所有高个子的刽子手都够不着他的脖子，于是便叫民夫修起一道高高的塘坝，行刑时让防风氏站在塘坝下面，刽子手站在塘坝上面，用最锋利的大刀，才把防风氏的脑袋砍了下来。防风氏死后，就埋在会稽山上。据说，防风氏的

历史的发展有其必然规律，"家天下"的出现是私有制的结果；私有制的出现是生产力发展的结果。在当时的历史条件下，"家天下"的出现是历史的进步而不是历史的倒退。

一节大骨头，要用整整一辆大车才装得下。

禹在治水前先到各地做了一番实地勘察，摸清了洪水为害的情况。认识到父亲鲧之所以失败，是因为他只采取堙障的方法，而不是用息壤来修筑堤坝拦截洪水。可是水性就下，从高处往低处流，越积越高，堤坝就被冲决口了。禹吸取父亲的教训，采取以疏导为主，堙障为辅的方法。他叫那条长着双翼的应龙走在前面，拿它的尾巴画地，应龙的尾巴指向哪里，禹就在哪里开凿河川，疏导河水流向东方的大海。禹开凿的那些河川，就是我们今天的大江大河。同时，禹还让一只大乌龟把天地赐给的息壤驮在背上，跟在后面，随时把那积水的深渊填平，把人类居住的地方加高。那特意加高起来的地方，就成了我们今天四方的高山峻岭。如果洪水被高山峻岭挡住了，禹就跟众神一起劈石开山，辟出一条新的水路。

禹牢记父亲的遗志，时刻不忘人民的苦难，公而忘私，一连十三个年头，多次路过家门都没有进去看看。他不仅领导治水，还亲自动手干。他的手指甲磨秃了，小腿上的汗毛磨光了，半个身子不听使唤，走起路来一瘸一拐的，两脚不能相过，左脚超不过右脚，得一步步地挪，当时人们把这种步法叫做"禹步"。

经过了十几年的艰苦努力，禹率领人民终于治好了有名的大河三百条，支流小河三千条，更小的河流不计其数。洪水平息了，大地上又吐出一片新绿。这时，人们才从高山的洞穴里走出来，又过上了安定的生活。为此人们世世代代感激禹的恩德，歌颂禹的功绩。如《诗经》中说："洪水茫茫，禹敷下土方；丰水东注，维禹之绩。"意思是说："当年大地上一片无边无沿的洪水，天帝派神禹到下方来把大地重新治理好，让洪水向东流入大海，这都是禹的功劳啊！"

据说，洪水平定后，禹就想弄清楚中华大地究竟有多长多宽。于是就命令属神太章从东头

◎大禹治水石雕◎

94

◎大禹治水石雕◎

量到西头，总共是两亿三万三千五百里七十五步；又命令属神竖亥从北头量到南头，也是这么长，成为等边的四方形，禹把它划分为九州。

禹专心致志地治理洪水，把个人的事都耽误了，一直到30岁还没有结婚，仍然是光棍一条。当他治水走到涂山(今浙江绍兴西北)时，心想：古人二十而冠(成人加冠礼)，三十必娶，我如果过了30岁还不结婚，不是年龄太大了吗？于是就向上天祷告说："我要娶亲了，一定有什么征兆来显示吧！"果不其然，有一只九条尾巴的白狐狸，摇摆着毛茸茸的大尾巴来到他的跟前。当地流传的民谣说，谁见到九尾白狐，谁就能当国王；谁娶了涂山的女儿，谁家就能兴旺发达。

涂山有个姑娘，名叫女娇，容貌美丽，仪态万方。禹一见到她就相中了，想娶她做妻子，而女娇也看上了这位治水英雄。可是禹治水太忙，还没来得及互表心曲，就又到南方视察灾情去了。女娇很惦念禹，便打发一个使女到涂山南麓去等禹回来。可是一连好几天，也没见到禹的影子，女娇心急火燎，便顺口作了一首歌，唱了起来：等候人啊，多么的长久啊！据说这是南国最早的一首诗歌。

禹终于从南方回来了。两人互表了爱意，不久就在台桑这个地方举行了婚礼。婚后只住了四天，蜜月还没完，禹便离开了新婚燕尔的妻子，又忙着到别处治水去了。女娇被送到禹的都城安邑去，但她是南方人，在山西这个地方住不惯，常常想念故乡涂山。禹为了安慰他的新婚妻子，便派人在安邑城南为她修了一座高台，让她在寂寞的时候，登台看看她远在他方的家乡。据说，现在城南门外还存留着那座望乡台的台基。

时间长了，女娇总觉得日子过得太孤独了，同时也想为禹治水出把力，便要求跟丈夫在一起，不离左右，禹一想也好，就答应了。

有一次，禹治水来到了辕山(今河南偃师东南)。这座山山势险峻，只有打通它, 洪水才能宣泄下去。禹对妻子说:"开凿这座大山真不容易, 我得努力奋战。我在山崖边上挂起一面鼓, 听见鼓声就来送饭吧, 省得来回跑耽误时间。"女娇点头答应了。妻子走后, 禹就摇身一变化作一头毛茸茸的大黄熊, 拼命地用嘴拱, 用爪子挠, 当他使劲往外扒石头时, 几块石头蹦起来, 不偏不倚正好打在山旁挂着的鼓上。女娇听见鼓声, 误以为是大禹叫她送饭去, 就急急忙忙地挎上饭篮子来到辕山, 这时大禹还不知道石头敲打在鼓上, 也不知道妻子已送饭来了, 还在那使劲拱呢。女娇一看, 吓得目瞪口呆, 她根本没想到丈夫原来是一头大黄熊。女娇羞愧万分, 大叫一声, 扔了饭篮子撒腿就跑。这时大禹才发觉妻子来了, 就赶忙去追, 慌忙之中忘了恢复原形, 女娇心里更害怕, 飞速地跑。一直跑到河南登封县北面的嵩山脚下, 女娇实在跑不动了, 竟变成一块坚硬的石头。大禹上气不接下气地追上来, 一见妻子变成了石头, 心里非常不是滋味, 又怕她肚里怀的孩子也变成石头, 就情不自禁地大声朝着石头喊:"还我的孩子啊!"说来也奇怪, 这石头还真的"咔嚓"一声, 在北面裂了一道大缝, 生下了大禹的儿子。因为是石头裂开而生的, 大禹便给儿子起名叫"启", "启"就是开裂的意思。这石头里生出的儿子果然不同凡响, 大禹不再将帝位禅让给别人, 而是直接传给儿子启。从此中国开始了父传子的家天下, 正式步入了阶级社会。

◎大禹治水石雕◎

皋陶执法如山

◎皋陶◎

皋陶，皋城（今安徽六安）人，皋陶是东夷少昊之后，生于公元前21世纪，古六安国始祖，相传为东夷族首领，偃姓。传说舜时被任命为掌管刑法的官。禹继位后按禅让制举荐皋陶为他的继承人，"且授政"（即叫他处理政务），但皋陶先于禹而亡故，未继位。后来禹又举荐益为继承人。今六安城东有皋陶墓，春秋时期的英、六等国是皋陶的后人。

皋陶，与尧、舜、禹同为"上古四圣"，是舜帝执政时期的士师，相当于国家司法长官。皋陶又是上古时期伟大的政治家、思想家、教育家，被史学界和司法界公认为"司法鼻祖"，他的"法治""德治"思想，与今天的"依法治国"和"以德治国"有着历史渊源关系，皋陶文化中的司法活动与法律思想对中国古代法律文化有着重要影响。皋陶还被后人神话为狱神，他辅佐夏禹理政、治水和发展生产，并为融合夷夏和后来中华民族的形成作出巨大贡献。禹根据皋陶的品德和功劳而选他为继承人，并授政于他。但皋陶未继位即去世，禹便把英、六一带封给其后裔。唐玄宗以李氏始祖皋陶为荣，于天宝二年（743）追封其为"德明皇帝"。

传说，皋陶曾经被舜任命为掌管刑法的理官，以正直闻名

成语典故

墨守成规：墨守：战国时墨翟善于守城；成规：现成的或久已通行的规则、方法。指思想保守，守着老规矩不肯改变。明末清初黄宗羲《钱退山诗文序》："如钟嵘《诗品》，辨体明宗，固未尝墨守一家以为准的也。"

天下。舜在任命禹担任司空，治水的时候，禹万分辞让，推荐稷、契和皋陶担任这一职位。但是舜还是把这一职位交给了禹。舜对皋陶说："皋陶，现在蛮夷侵扰华夏，坏人为非作歹，你就担任司法官，处刑要让人信服，流放罪分为不同等级，而远近不同。只有公正明允，才能取得民众的信任。"皋陶做了尧帝的理官，子伯益被赐为嬴姓。其子孙以官为氏，称理氏。皋陶的十四世孙造父生活于周朝，因为善于驯马和驾车，深得周穆王的宠爱，后来因为他在平定徐偃王的叛乱中及时驾车带穆王回京，穆王就赐给他赵城(现时山西洪桐)作为封邑，造父的后代子孙以封邑赵城作为赵姓。

传说皋陶还使用一种叫獬豸的怪兽来决狱。獬豸类似羊，但只有一只角。据说它很有灵性，有分辨曲直、确认罪犯的本领。皋陶判决有疑时，便将这种神异的动物放出来，如果那人有罪，獬豸就会顶触，无罪则否。史书上说皋陶为大理，天下无虐刑、无冤狱，那些卑鄙的小人非常畏惧，纷纷逃离，因而天下太平。舜帝极为欣赏皋陶的成绩，便把他封于皋。

传说，尧时皋陶想制定二法，一为惩治犯罪之法，二为保护民权之法。问尧，尧帝曰："可定刑法，毋 (不要) 为民法。刑律若定，人民畏敬，天下安宁；汝意 (你的意思) 不侵民权，以民为重，则王者之威何存？"皋陶郁郁寡欢。尧死，皋陶复欲创民法，问舜，舜帝曰："圣人不易俗 (不改变现状) 而教，智者不变法 (不改变法统) 而治。因民 (按照百姓的愿望) 而教者，不劳而功成；据法 (根据现有的刑法) 而治者，吏习 (官吏可墨守成规) 而民安。今若变法，恐人心混乱，民众恃 (倚仗) 新法而上侵。"舜死，禹奉行严刑峻法，令皋陶修改刑律，皋陶不从，被谋害；另举刑官亦名皋陶，制定帝位家传之法，以及摘心、割鼻、挖眼、剥皮、腰斩、刖足之刑。大禹很高兴，准备传位于儿子启；可各部落首领依以往惯例，公举皋陶。皋陶不幸早死，又公举伯益，最后位传于伯益。启在父亲的支持下，十九年一直在养兵蓄锐，如今他羽翼丰满，遂以讨逆之名起兵，杀伯益以及推举者、家丁、百姓二十万人，夺得帝位。有扈氏反叛，亦被启镇压，又杀十万余人。自此，中国开始了"家天下"、人民受压迫屠戮的时代。

链接 <<<

士师；官名。《周礼》谓教官司寇所属有士师，设下大夫四人，掌禁令、狱讼、刑罚以及人民之什伍，使之相安相受，以扰追胥之事。春秋时齐国设士，卫国设大士，战国时齐谓士师，都是刑政之官。古代兵刑不分，故用士或士师作为刑官之称。

私有制萌芽，孕育于部落联盟时期。奴隶主贵族也出现在部落联盟后期。由启开始，传贤被传子代替，实质上是氏族制被国家所取代，是一场巨大的社会变革。

少康复国

◎夏启◎

夏启破坏了禅让制度，开创了父死子继的世袭制度。他没有想到当他年老的时候，他的几个儿子都想继承王位，在家庭内部争夺了起来。夏启看到小儿子武观闹得最凶，就把他放逐到黄河西岸（今陕西一带）去。武观在黄河西岸反叛，夏启派大将彭伯寿出兵讨伐，才把这次动乱平定了下去。

夏启做了王，改变了当年简朴的做法，生活上开始腐败起来。他整天在王宫里喝酒，欣赏歌舞，或者带着一帮人外出打猎。腐化的生活影响了他的健康，他岁数不大就死了，他的大儿子太康继承了王位。太康从小就跟着他父亲学喝酒、学打猎，生活比夏启更腐败。他做了王，丢开国家大事不管，带着家里人和亲信到洛水北岸去打猎，一去就是几个月，快乐得忘了回家。

这时候，东边的东夷族强大起来了。东夷族的首领叫后羿，是个百发百中的射箭能手，后羿看到太康长期出外打猎，丢下国家大事不管，引起老百姓的怨恨，就乘机夺取了夏朝的首都安邑（在现在山西省安邑县境内），不让太康回来，把太康的弟弟仲康立为傀儡王，由他自己掌握国家大权。

可是后羿自己也喜欢打猎，喜欢玩乐，不善于管理国家大事。他手下有四个很能干而又正直的人，他不信任，却信任一个惯会献媚、挑拨

©夏朝灰陶©

是非的寒浞(zhuó)。寒浞找一帮人专门陪着后羿去打猎，自己躲在家里搞阴谋。他用小恩小惠收买了后羿的家奴，唆使他们谋害后羿。有一天，后羿打猎回来，寒浞和后羿的家奴用酒把他灌醉，杀死了他。寒浞霸占了后羿的妻子和全部家产，掌握了大权。寒浞生了两个儿子，一个取名叫浇，长大后封在过这个地方（在现在山东省境内），所以又叫过浇。一个取名叫戏，长大后封在戈这个地方（在现在河南省境内），所以又叫戈戏。

再说那个被后羿立为傀儡王的仲康，由于行动不自由，心情不痛快，很快就死了。他的儿子后相继承了王位。后相不愿意做傀儡，逃出去投靠同姓的斟灌氏和斟鄩氏。寒浞怕后相的势力壮大，回来复兴夏朝，就派大儿子过浇带兵去进攻斟灌氏和斟鄩氏，杀死了后相。后相的妻子后缗这时候已经身怀有孕，她躲过过浇的搜捕，从墙洞里偷偷爬了出去，投靠自己的娘家有仍氏。有仍氏姓任，是一个小部落，地处今山东省济宁一带。他们把九死一生逃回娘家的后缗收留下来，让她安安稳稳地生了个儿子，取名叫做少康。按辈分排起来，少康是夏禹的玄孙，夏启的曾孙。

少康从小就很聪明，有心计。后缗觉得这个儿子很有希望，在他刚刚懂事的时候，就把他祖父一辈太康荒唐失国，仲康做傀儡忧愤而死，以及他父亲后相被杀害等惨痛情形全都告诉了他，并且叮嘱他长大以后一定要为祖父和父亲报仇，把失去了的国家大权夺回来。

少康自幼受到这种报仇雪耻的教育，果然立志发愤图强，为复兴夏朝做准备。他先在外祖父有仍氏那里担任管理畜牧业的官，一有机会就学习带兵打仗的

©夏朝灰陶©

◎龙山文化黄玉环◎

本领，并且时时刻刻对杀父仇人过浇保持着警惕。过浇后来打听到了少康的下落，派一个叫做椒的大将，到有仍氏部落来搜捕少康。少康早有准备，赶快逃奔到虞舜的后代有虞氏那里，躲过了椒的搜捕。有虞氏的首领虞思看到少康很有出息，叫他在部落里担任管理膳食的官，学习管理财物的本领。这样，少康成为了一个文武双全的人。虞思看到少康为人可靠，就把自己的女儿嫁给他，并且把一块叫纶的地方交给他管理。纶这个地方方圆十里，有很好的田地，有五百名士兵。少康就有了恢复夏朝的根据地和武装力量。

少康关心老百姓的疾苦，宣扬他的高祖夏禹的功德，争取人们支持他复兴故国。他把那些被寒浞弄得妻离子散、家破人亡、流浪在外的夏朝旧官吏召集来，叫他们跟着他打回老家去。他先派一个名叫女艾的大将去刺探过浇的虚实，又派自己的儿子季杼(zhù)去消灭戈戏，削弱过浇的力量。女艾和季杼都出色地完成了任务。少康对于过浇那边的情况已经了如指掌，并且因为戈戏被消灭，也使得过浇处于孤立无援的境地。

一切都准备好了，少康便从纶地起兵，历数寒浞、过浇等人的罪行，杀奔夏朝的旧都城安邑。这时候寒浞已经死去，过浇虽然想顽抗到底，怎奈大势已去，终于被少康消灭了，天下又回到了夏禹子孙的手里。这件事，历史上称为"少康复国"或"少康中兴"。据推算，从太康失国到少康复国，共约六七十年。这六七十年的前二三十年是后羿掌权，还没有夺取王位；后四十年寒浞掌权，夺取了夏朝的王位。

少康复国的故事在《左传》中有具体的记载，但是因为已经相隔一千五百多年，所以有些历史学家不相信这件事情的真实性。尽管这样，这个历史故事还是反映了夷夏之间奴隶主贵族争权夺利的斗争。夏族是汉族的先民，夷族则是少数民族的先民。夷族的后羿和寒浞夺取了夏族的政权，最后又被夏族打败，这说明了在远古时代，夏族和夷族曾经通过战争，逐步实现了民族的融合。

◎龙山文化蛋壳黑陶◎

孔甲养龙

夏朝自启袭父大禹的王位后，在今天偃师一带建立了都城，后来传到了孔甲的手中。孔甲是一个荒唐的国君，他无心治理国家，专门喜欢打猎饮酒，装神弄鬼，玩弄女人。夏王朝的德望和声威一天天衰落了，四方的诸侯渐渐不服从命令起来。

孔甲有一种爱好，就是喜欢养龙。

龙，作为我们中华民族的象征，跟夏朝的关系非常密切。夏朝的开国君主大禹，相传就是一条龙；他治水时，有应龙相助，在前面为他开道；治水成功后，又有两条神龙从空中降下来，向他表示祝贺；他巡视四方时，也往往乘着两条龙。传说在禹之前舜的时候，就有专门替国君养龙的人，赐姓为豢龙氏。

有一天，从天上忽然降下来两条巨龙，一雌一雄，孔甲心里很高兴。恰巧这时有一个陶唐氏的后代，名叫刘累的，曾经在豢龙氏那里学过几天驯龙术，就跑来服侍孔甲。刘累在孔甲面前自吹自擂了一通，孔甲信以为真，便封他做了养龙的官，并赐姓为御龙氏。

刘累对养龙的技术本来是一知半解，养了不久，那条雌龙就死了。他知道这件事给孔甲知道了是要杀头的，便叫手下的人将死龙剔掉鳞甲，把龙肉剁成肉酱，蒸熟了献给孔甲吃，并谎称是自己打来的野味。孔甲吃过以后，赞不绝口。

过了几天，孔甲忽然来了兴致，要看看龙。刘累只好硬着头皮，带着一条无精打采的雄龙来应付一下场面。后来，死龙的事终于让孔甲知道了，他勃然大怒，要惩处刘累。刘累心里害怕，赶紧带上家小，连夜逃到别处去了。

刘累逃走之后，那条雄龙还得有人饲养，于是孔甲又到处寻访会养龙的人，终于找到了一个养龙的高手，名叫师门。这个师门，是神人啸父的儿子，不食人间烟火，每天只拿些桃李花果做食品。他像啸父一样，也能够使火、行火，他养龙很有办法，过了不久，那条萎靡不振的病龙就让他喂得容光焕发了，耍起把戏来，可真是盘旋飞舞，忽上忽下，姿态横生，孔甲看了颇为高兴。

可是这位养龙的师门是个性情古怪的人，他养龙自有一套办法，绝不肯迁就退让，更不容别人指手划脚，说三道四。有时就是国君孔甲说些不懂装懂的话，也要被他当面顶撞回去，弄得孔甲下不来台。孔甲心中忌恨他，决心杀掉他。一次孔甲又信口大谈养龙之术的时候，师门插嘴说："君王所说，不是养龙，而是杀龙，有一万条龙得死一万条龙。"孔甲听了勃然大怒，马上命武士把师门推出斩首。不一会儿，武士把血淋淋的人头呈上来，似乎那死人的眼睛还在一眨一眨地嘲笑孔甲呢，孔甲下令将师门的尸首抬到荒郊野外埋掉。

◎夏朝铜爵◎

说来也奇怪，尸首刚刚埋下，天空中就刮起了大风，河水暴涨，山上的树木燃烧起来，扑也扑不灭。全国的人都说是国君错杀了师门，孔甲的心里也有些害怕，只好命人准备车马，率领群臣去向死者祈祷，请求他不再作祟。祈祷之后，风似乎小了些，山火也熄灭了不少，孔甲和群臣都从心底里松了一口气，便上车回宫。到了宫门前，侍卫打开车门，请君王下车。哪知往里一看，只见孔甲直挺挺地坐在那里，两眼瞪着前方，不说话，也不动弹，已经一命呜乎了。

商汤和伊尹

黄河下游有个部落叫商。传说商的祖先契（xiè）在尧舜时期，跟禹一起治理过洪水，是个有功的人。后来，商部落因为畜牧业发展得快，到了夏朝末年，汤做了首领的时候，已经成为一个强大的部落了。

◎伊尹◎

夏王朝统治了大约四百多年，到了公元前16世纪，夏朝最后的一个王夏桀（jié）在位。夏桀是个出名的暴君，他和奴隶主贵族残酷镇压人民的反抗，对奴隶的剥削更重。夏桀还大兴土木，建造宫殿，过着荒淫奢侈的生活。

大臣关龙逢（páng）劝说夏桀，认为这样下去会丧尽人心。夏桀勃然大怒，把关龙逢杀了。百姓恨透了夏桀，诅咒说："你这个太阳什么时候才会灭亡啊，我们宁愿跟你同归于尽！"

商汤看到夏桀腐化堕落，决心推翻夏朝。他表面上对桀服从，暗地里不断扩大自己的势力。那时候，部落的贵族都是迷信鬼神的，把祭祀天地祖宗看做最要紧的事。商部落附近有一个部落叫葛，那儿的首领葛伯不按时祭祀。汤派人去责问葛伯。葛伯回答说："我们这儿穷，没有牲口作祭品。"汤送了一批牛羊给葛伯作祭品。葛伯把牛羊杀掉吃了，又不祭祀。汤又派人去责问，葛伯说："我没有粮食，拿什么来祭呢？"汤又派人帮助葛伯耕田，还派一些老弱的人给耕作的人送酒送饭，不料在半路上，葛伯把那些酒饭都抢走，还杀了一个送饭的小孩。

伊尹是我国奴隶制时代的著名政治家，他与辅佐周成王的周公旦一起，被视为臣子的楷模。

夏朝的覆亡，拉开了中国古代史上朝代更迭的序幕。

葛伯的行为激起了大家的公愤。汤抓住了这个把柄，就出兵把葛先消灭了。接着，又连续攻灭了附近的几个部落。商汤的势力渐渐发展了，但是并没引起昏庸的夏桀注意。商汤妻子带来的陪嫁奴隶中，有一个名叫伊尹。传说伊尹最初到商汤家的时候，做了厨师，服侍商汤。后来，商汤渐渐发现伊尹跟一般奴隶不一样，商汤和他交谈以后，才知道他是有心扮作陪嫁奴隶来投奔自己的。伊尹对汤谈了许多治国的道理，汤马上把伊尹提拔为自己的助手。

商汤和伊尹商量讨伐夏桀的事。伊尹说："现在夏桀还有力量，我们先不去朝贡，试探一下，看他怎么样。"商汤按照伊尹的计策，停止了对夏桀的进贡。夏桀果然大怒，命令九夷发兵攻打商汤。伊尹一看夷族还服从夏桀的指挥，赶快向夏桀请罪，恢复了进贡。过了一年，九夷中一些部落忍受不了夏朝的压榨勒索，逐渐叛离夏朝，汤和伊尹才决定大举进攻。

自从夏启以来，同姓相传已经四百多年，要把夏王朝推翻，也不是一件简单的事。汤和伊尹商量了一番，决定召集商军将士，由汤亲自向大家誓师。

汤说："我不是想进行叛乱，实在是夏桀作恶多端，上天要我消灭他，我不敢不听从天命啊！"接着他又宣布了赏罚的纪律。

商汤借上帝的旨意来动员将士，再加上将士恨不得夏桀早早灭亡，因此，作战非常勇敢。夏、商两军在鸣条（今山西运城安邑北）打了一仗，夏桀的军队被打败了。

©玉琮©

最后，夏桀逃到南巢（今安徽巢县西南），汤追到那里，把桀流放在南巢，一直到他死去。

这样，夏朝就被新建立的商朝代替了。历史上把商汤伐夏称为商汤革命，因为古代统治阶级把改朝换代说成是天命的变革，所以称为"革命"。这和现在所说的革命完全是两回事。

汤捕鸟网开三面

◎商汤◎

夏朝末年的国王夏桀，荒淫残暴，整日吃喝玩乐，肆意搜刮老百姓的钱财，又连年征战，并用残酷的刑罚镇压人民的反抗，人民处于水深火热之中，都希望夏桀早一天死去。谁能带领人民来推翻夏桀的统治呢?商汤勇敢地担起了这个重任。

商族是居住在我国北方的一个古老的民族，汤是商族始祖的第14代孙。目睹夏桀日益失去民心，商族的势力又一天天地强大，汤便决心从北方南下，推翻夏王朝，救人民于水火。

商汤是一位仁慈善良、爱惜百姓的首领。他深知，要推翻夏桀的政权，不能单靠武力，首先要争取民心，使天下的百姓都乐意归附，天下的贤人才能辅佐他。一天，汤到郊外出游，看见一个人从四面架起网，然后，便向天祷告说："愿来自天下四方的飞鸟，都落入我的网中!"

这时，正在天空自由自在飞行的小鸟们，不知不觉进入捕鸟人的网中，左冲右突，怎么也冲不出去，不时发出"啾，啾……"的哀婉啼叫。汤看到这种情景，心里很有感触，便上前对捕鸟的人说："喂!你这样捕鸟，是会把天下的飞鸟都捕尽的。"汤命令手下的人撤去三面网，只留下一面网，然后向上天祷告说："想从左面飞去的鸟，就从左面飞走吧!想从右面飞去的鸟，就从右面飞走吧!那些乱飞的鸟，只好进入我的网中了。"

商汤网开三面的故事，很快便在夏桀统治下的各国传开了，人们都说："汤的德行高尚，连对禽兽都有一副仁慈的心肠，更何况是对百姓！"从此，各诸侯国的人都企盼商汤能够早日成为自己的君王。

商汤从起兵到最终推翻夏桀，先后共进行11次征战。当商汤率兵从东面征伐夏桀的时候，夏桀西面属国的人民就有怨言；从南面征伐夏桀的时候，北面的人民也有怨言。他们都说："汤为什么不先来讨伐我国的昏君，把我们排在后面？"各诸侯国的人民盼望商汤的到来，就像久旱盼甘霖。

商汤的军队纪律严明，凡是商汤讨伐夏桀的军队所经过的地方，赶集的人照旧进入市场，锄草的农夫依然在田间耕作，丝毫不受惊扰。商汤讨伐暴君，慰问百姓，犹如旱季降雨，天下百姓无比喜悦。

商汤捕鸟网开三面的故事，体现出他对当时人民所遭受的苦难非常同情。他向葛国的老人和小孩赠送酒肉粟米，因为无辜的儿童被杀害而讨伐葛国，这使他赢得了民心。因此，他的军队所向无敌，终于推翻了夏桀的残暴统治，建立了商王朝。

夏革漫话有无大小

　　成汤问大夫夏革："太古时候就有万物吗?"夏革说："假如太古时候没有万物,今天的万物是从哪里来的呢?我们所生活的今天,后人也会看做古代,如果后人也说我们现在没有万物,可以吗?"成汤又问:"那么,上下、八方有穷尽吗?"夏革说："从无方面说是没有穷尽的,从有的方面说也是没有穷尽的,我哪里说得清呢?无穷之外又有无穷,无尽之中又有无尽,因此我知道上下、八方无穷无尽。"

　　成汤又问："四海之外还有什么吗?"夏革说："拿我们所居住的地方来说,就是如此。我曾向东行到营州,问那里的人营州之东是哪里,那里的人回答说还是营州。我向西行到豳地,问那里的人豳地之西是哪里,那里的人回答说仍然是豳地。我因此知道四海之外同我们这里没有什么不同。因此,大小相包容,是无穷尽的。包容万物的天地,也就如同包容天地的太虚。天地包容万物,是无穷的;太虚包容天地,也是无穷的。我怎能知道天地之外不会有比天地更大的太虚呢?"

　　成汤又问："万物有大小、长短、异同之别吗?"夏革说："在距渤海之东不知几亿万里的地方,有一条大壑,是无底深谷,名叫'归墟'。八方九野及天河之水,没有不流入归墟的,可是归墟中的水看不出有增减。其中有五座山,一座叫岱舆,一座叫员峤,一座叫方壶,一座叫瀛洲,一座叫蓬莱。这些山的上下高度和四周范围都达三万里,山顶平坦的地方有九千里。山与山之间相距七万里,却互为邻居。山上的楼台都是用金玉建成,禽兽都是纯白色,丛生的树木如同玉石翡翠,树上的花果都很有滋味,人吃了就不老不死。山上居住的都是仙人圣人之类,他们日夜在各山之间飞来飞去的，多得数不过来。可是五座山的底部都没有根，常随着水势上下动荡，没有一刻稳定的时候。仙人圣人们感到很苦恼，就把这事奏明上帝。上帝担心五座山流往四极，从而失去仙圣们居住的场所，就命天神禺疆派了十五只巨龟，用头托住五座山。十五只巨龟分成三班，轮番更替，六万年更替一次。龙伯之国有高大无比的人，迈开两脚没走几步就到了五座山所在的地方，下了一只钓钩就钓起了六只巨龟，把六只巨龟一块背了起来回到龙伯之国，把巨龟的背壳烧灼后用来占卜。于是，岱舆和员峤二山无巨龟托载，飘流到北极，沉没到大海中，仙圣因此而流散的成万上亿。上帝大怒，渐渐削减龙伯国的土地，使之狭小；渐渐缩短龙伯之国人民的身材，使之矮小。至伏羲、神农时代，这个国度的

链接 <<<

崆峒山：崆峒山位于甘肃省平凉市城西12公里处，东瞰西安，西接兰州，南邻宝鸡，北抵银川，是古丝绸之路西出关中之要塞，主峰海拔2123米，集奇险灵秀的自然景观和古朴精湛的人文景观于一身，自古就有"西来第一山""西镇奇观""崆峒山色天下秀"的美誉。

崆峒山峰峦雄峙，危崖耸立，似鬼斧神工，林海浩瀚，烟笼雾锁，如缥缈仙境；高峡平湖，水天一色，有漓江神韵。

古往今来，崆峒山吸引了众多的风流才俊。被中华民族尊为人文始祖的轩辕黄帝亲自登临崆峒山，向智者广成子请教治国之道和养生之术。秦皇、汉武因"慕黄帝事""好神仙"而效法黄帝西登崆峒；司马迁、杜甫、白居易、赵时春、林则徐、谭嗣同等文人墨客也留下了大量的诗词、华章、碑碣、铭文。

人们还有数十丈高呢。"

"距中州西南四十万里有僬侥国，那里的人身长只有一尺五寸。东北极有人名叫诤人，身长只有九寸。海边有一种小飞虫，名叫焦螟，能在蚊子的眼睫毛间成群飞舞，而且不互相碰撞，蚊子也觉察不到。视力最好的离朱、子羽二人擦亮了眼睛，扬起了眉毛，仔细地望，也没有见到小虫的身影；听力最好的俞、师旷二人挖净了耳窝，伸长脖子，仔细地听，也没有听到小虫的声音。只有黄帝和容成子，居住在崆峒山上，静心修性三个月，以至心如死灰，身如枯木，然后慢慢用精神观察，终于见到了小虫的身影，就像嵩山之巅一样庞大；慢慢用元气审听，

◎商代玉人◎

终于听到了小虫的声音，就像雷霆一样隆隆作响。万物虽然形体各不相同，但秉承自然之性是均一的，我又如何辨识它们的大小？如何辨识它们的长短？如何辨识它们的同异？"

故事中通过夏革之口，对宏观世界和微观世界进行了探讨，认为有无、大小、长短等等都是相对而存在的，无穷之中又有无穷，无尽之中又有无尽；万物虽然形体各不相同，但秉承自然之性是均一的。这种认识在哲学史上是比较早的，是很有价值的，显示了我们祖先的聪明才智和探索精神。

大鹏与二虫的故事

商朝时，有一天商汤王把他的贤臣棘招来，问他道："上下四方有极限吗?"棘说："无极之外，又是无极!"商汤王又问："这是何意呢?"

棘说："我举个例子吧。在不毛之地的北边，有一个广阔无涯的大海，那就是天池，也叫北海。"汤王聚精会神地听着。

"传说远古时候，在这遥远的北海有一条特别大的鱼，它的名字叫作鲲。鲲的身体特别庞大，身宽几千里，至于身长有多少，那就没人知道了。""后来，鲲变成了一只大鸟，名字叫做鹏。大鹏鸟的背像泰山那样高，飞起来的时候，它的翅膀就像遮天蔽日的云层。"

"有一次，大鹏向南海飞去。它在南海海面上击水而行，一下就是三千里。它向高空飞去，卷起一股暴风，一下子就飞出九万里。它飞的时候，大地蒸腾之气如野马群奔，尘土飞扬，地上的生物也被狂风吹拂而颤动。"

"生活在洼地里的蝉和小鸠，看见大鹏鸟飞得这么高，这么远，很不理解。于是，它们讥笑大鹏说：'我们拼命飞高，不过飞到高高的榆树和檀树顶上就到顶了，算起来不过几丈高罢了，这也就够了。大鹏鸟为什么要飞向九万里以外的远方呢?'望着大鹏飞去的影子，二虫十分不理解。"讲到这里，棘停了一下，然后说："这也就是小和大的分别啊!"

商汤王听完了这个故事，沉思了片刻，终于弄懂了。

后来，庄子在《齐谐》这本书中也看到了鹏与二虫的故事。他看后对于鹏程万里与二虫的志向在所著《逍遥游》中发表了一通感想。

他认为：水如果不深，就浮不起大船。倒一杯水在堂前小坑里，放根小草叶可以当"船"；但如放了杯子就会搁浅。这就是水浅而"船"大的缘故。风的强度如果不大，也就无力承浮起巨大的翅膀。所以鹏只有飞到九万里的高空，在它翼下的风才巨厚而强劲，它才能乘着风力，背负青天而无所阻碍，才能飞往南海。

我们到郊野去，只带三餐粮食，当天就回，肚子还饱饱的；到百里远的地方去，要用一夜的时间储粮备米；到千里路远的地方去，就要准备三个月的粮食。这两个小虫小鸟又哪里想得到呢？

于是，庄子得出：小智灵是无法理解巨灵之意的，短命生物也无法与长寿生物进行心灵沟通。不仅如此，庄子还认为：有些人才能可胜任某一官职，言行可以合乎某一乡俗，其德性可以投某一国君之所好而获得一国的信任，他们自鸣得意，其实也就像二小虫一样可怜！而宋荣子就常耻笑他们。宋先生能够达到这样一种精神境界：全社会都赞扬他，他也不感到激动、不奋勉；全社会都批评他，他也不感到沮丧。他能清楚地辨别内在的我和外在的物的分际，认清光荣和耻辱的真正界限，这样就相当了不起了。他对于世俗的声誉并没有汲汲追求。然而尽管如此，还有些境界他仍未达到。列子能够驾着风行走，样子轻妙极了，走了十五天后回来。他对于求福的事，从来不去汲汲追求。这样他虽然可以

◎商代印纹硬陶豆◎

免去步行的劳苦，但他还是有所凭借的啊。如果能因循自然的本性，顺应六气的变化，以遨游于无边无际的境域，他还有什么依赖的呢？

最后，庄子认为：修养最高的至人，能够忘掉自己；修养达到人所莫测的神人，不去建立功业；修养臻于明智的圣人，不去树立名望。

鲲鹏活动的世界是一个广阔无穷、气势磅礴的世界。大鹏，就是不为外物所蒙蔽、束缚的自由灵魂的象征，就是至人的象征。真正的超凡脱俗的人应该忘却自己，顺天无为，忘却功名。这也是养性的真谛。

盘庚迁都

商汤建立商朝的时候，最早的国都在亳（bó，今河南商丘）。在以后三百年当中，都城一共搬迁了五次。这是因为王族内部经常争夺王位，发生内乱；再加上黄河下游常常闹水灾。有一次发大水，把都城全淹了，就不得不搬家。

从商汤开始传了二十个王，王位传到盘庚手里。盘庚是个能干的君主。他为了改变当时社会不安定的局面，决心再一次迁都。

可是，大多数贵族贪图安逸，都不愿意搬迁。一部分有势力的贵族还煽动平民起来反对，闹得很厉害。

盘庚面对强大的反对势力，并没有动摇迁都的决心。他把反对迁都的贵族找来，耐心地劝说他们："我要你们搬迁，是为了安定我们的国家。你们不但不谅解我的苦心，反而产生无谓的惊慌。你们想要改变我的决定，这是办不到的。"

由于盘庚坚持迁都的主张，挫败了反对势力，终于带着平民和奴隶渡过黄河，搬迁到殷（今河南安阳小屯村）。在那里整顿商朝的政治，使衰落的商朝出现了复兴的局面，此后二百多年，一直没有迁都。所以商朝又称作殷商，或者殷朝。

从那时候起，经过三千多年的漫长日子，商朝的国都早就变为废墟了。到了近代，人们在安阳小屯村一带发掘出大量古代的遗物，证明那里曾经是商朝国都的遗址，就叫它"殷墟"。

从殷墟发掘出来的遗物中，有龟甲（就是龟壳）和兽骨十多万片，在这些龟甲和兽骨上面都刻着很难认的文字。经过考古学家的研

前期，商朝的王位多由兄弟继承，即"兄终弟及"制。盘庚迁殷后，"父死子继"的制度占了优势，逐步建立起以嫡子为中心的宗法制度。分封制度也是从商朝开始的，西周的分封制度使之更加完善。

◎甲骨文◎

究，才把这些文字弄清楚。原来商朝的统治阶级是十分迷信鬼神的。他们在祭祀、打猎、出征的时候，都要用龟甲和兽骨来占卜一下，是吉利或是不吉利。占卜之后，就把当时发生的情况和占卜的结果用文字刻在龟甲、兽骨上。这种文字和现在的文字有很大的不同，后来就把它叫做"甲骨文"。现在我们使用的汉字就是从甲骨文演变过来的。

◎商代青铜器◎

在殷墟发掘的遗物中，还发现大量的青铜器皿、兵器，种类很多，制作很精巧。有一个叫做"司母戊"的大方鼎，重量有八百七十五公斤，高一百三十多厘米，大鼎上还刻着富丽堂皇的花纹。这样大的青铜器，说明在殷商时期，冶铜的技术和艺术水平都是很高的。但是也可以想象得出，像这样巨大的精美的大鼎，不知道渗透着多少奴隶的血汗哩！

考古工作者还在殷墟发掘了殷商奴隶主的墓穴。在安阳武官村一座商王大墓中，除了大量的珍珠宝玉等奢侈的陪葬品之外，还有许多奴隶被活活杀死殉葬。在大墓旁边的墓道里，一面堆着许多无头尸骨，一面排列着许多头颅。据甲骨片上的文字记载，他们祭祀祖先，也大批屠杀奴隶做供品，最多的竟达到二千六百多个。这是当年奴隶主残酷迫害奴隶的罪证。

从殷墟出土的甲骨文中，我们对殷商时期的社会情况有了比较确凿的考证。所以说，我国最早有文字记载的历史，是从商朝开始的。

◎商代玉鸟◎

司母戊鼎

商朝的青铜器在殷墟出土的文物中是最著名的。从河南安阳武官村殷王陵墓发掘出来的"司母戊"大方鼎，可以证明商朝青铜器的制作技术已经达到比较纯熟的地步，标志着我国古代青铜工艺出现第一个高峰。

"司母戊"大方鼎呈长方形，长110厘米，宽78厘米，高133厘米，重875公斤。这个巨型的青铜器，造型雄伟，花纹华丽，结构复杂。大鼎腹部铸有蟠（盘）龙纹和饕餮纹，有首无身，两眼狰狞可怖，表现神权思想；脚部刻有蝉纹，线条简括，加强了鼎的神秘感；腹内铸有"司母戊"3个字，说明是商王祭祀母亲用的祭器。在目前出土的数千件商代青铜容器中，"司母戊"大方鼎是最大的，也是世界古代青铜器史上所仅见的。

◎司母戊鼎◎

铸造"司母戊"大方鼎，在那时是件相当艰难的事。当时，冶炼青铜用的是陶制的坩埚，形状和后来倒放着的头盔差不多，考古工作者叫它"将军盔"。据计算，每个"将军盔"能熔铜12.7公斤。如果铸造中小型器物有一坩埚就可以了。可是，要铸造"司母戊"鼎这样的庞然大物就需要七十多个"将军盔"同时浇铸，这要求几百人同时操作。怎么办？奴隶们用他们的智慧解决了这个难题。他们先分别铸好鼎耳、鼎足、鼎身，然后再把几个部分铸在一起。经过奴隶们的艰苦劳动，"司母戊"鼎终于铸成了。

从这里，我们清楚地认识到，商朝青

◎商代兽面纹尊◎

青铜器及青铜铸造的发达，足以表明我国当时生产力水平之高，在当时的世界上处于领先地位。

铜器手工业的高度发展，是奴隶们血汗和智慧的结晶。组织很多人分工合作，成功铸造巨型青铜器物的事实，说明那时已经有了较大规模的劳动分工。除了青铜铸造业以外，商朝的手工业分为制陶、制骨、玉石工艺、纺织、制革、酿酒、舟车等等不同工种。能集中反映商朝手工业工艺水平和特点的是青铜铸造业。

◎商代爵◎

我国的冶铜技术在原始社会后期已经发明，经过劳动人民长期实践，到商朝达到新的水平。商朝的劳动人民已经能够铸造质地坚硬、色泽光鲜、花纹美丽的青铜器了。青铜，是铜和锡的合金。商朝前期，就出现很多炼铜的作坊。奴隶们用不同比例的铜锡冶炼出适于不同用途的青铜，造出的器物有蒸煮食物用的鼎、鬲，温酒用的盉，盛酒用的尊、罍、爵、罍、瓵等。到商代后期，青铜铸造出现了新的高峰。作坊的规模扩大了，铸造的器物增多了，又增添了甋、觯、壶、卣、盂、觥、角等许多新器形。同时，出现了较大的铜器，如牛鼎、鹿鼎都有三四百公斤重。司母戊鼎就是商代后期的产物。

令人奇怪的是青铜铸造这样发达，当时从事农业生产劳动的奴隶，却仍然使用着石制、蚌制和骨制的笨重工具。奴隶们铸造了那么多的青铜器，却没有一件是供他们自己使用的。除了打仗用的武器，就是供奴隶主们喝酒和玩乐的用具，以及他们祭祀鬼神、祖先的祭器。这种不合理现象的根源在于青铜作坊和其他手工业作坊一样，都是在商王和奴隶主贵族的控制下，属于他们的财产。他们就是靠着对奴隶劳动的残酷掠夺生活的。

◎商代乳钉纹鼎◎

商朝的奴隶主贵族们不仅不参加劳动，反而对奴隶们创造的财富肆意挥霍。奴隶们用血汗换来的粮食，自己很难吃得到，经常用草根树皮来充饥；奴隶主们却用大量的粮食去酿酒。奴隶们饲养的牲畜，自己一点也不能享用，奴隶主却常常用牲畜去祭祀鬼神和祖宗。有一次祭祀商族的先祖王亥，一下子就用了300头牛。由此可见，商朝以青铜器为代表的手工业发展，是建立在对奴隶残酷掠夺基础之上的。

武丁选贤

武丁是商朝的第二十二个王，他从小就被父亲送到平民中间生活，与平民的孩子一起干活、玩耍，学会了许多农活，养成了十分简朴的生活习惯。

有一个叫傅说的奴隶，他特别能吃苦耐劳，聪明而又学识渊博，经常给奴隶们讲知识和道理，博得了大家的喜爱。傅说比武丁大二十多岁，他见武丁没有一点贵族的架子，待人和气有礼貌，就非常喜欢他，把

©殷墟商朝宫殿©

自己知道的事都讲给武丁，使武丁的视野更加开阔，所以在武丁的眼里，傅说一直是一个良师益友。

◎武丁◎

后来，武丁做了商王，他一心想成为一个贤明的君主，便放心大胆地让大臣们处理朝政，不专权，不武断，潜心钻研治国的良策。他深知用人的重要，于是他多方物色贤人。

他终日寻觅招揽人才，这天，他忽然想到傅说。他从小就很敬佩傅说的才能，如果现在能将他召进宫来，一定会发挥他的聪明才智，报效国家。但又一想，他毕竟是个奴隶，要是让他做大臣，王公贵族和大臣们一定不会同意的，怎么办呢？

第二天，他一觉醒来，神采飞扬，手舞足蹈地叫来仆人，说："先王刚刚托梦于我，说有个叫傅说的人，可以做我的宰相，帮我治理朝政，大商的兴盛就指日可待了，你们快去给我召集大臣。"

大臣们听说是先王的旨意，不敢怠慢。在当时，人们特别相信占卜和征兆之术。认为这是上天的旨意，所以就绝对地相信。大臣们问："大王！傅说如何模样，请您描述一下，以便我们画成图形去寻找，否则天下这么大，如何找得到？"

武丁见臣下问，就装作回忆的样子，想了想说："此人好像身着布衣，四十多岁，中等身材，肩宽体阔，浓眉大眼，皮肤略黑。"

◎商代四羊方尊◎

大臣们开始按武丁说的去四处寻找，他们根本就没想到傅说会是奴隶，开始只在贵族中查找。有的奸臣则将自己的亲信推荐给武丁，想从中捞取好处。武丁一一将来人端详一番，见他们一个个锦衣

◎商后期青铜器◎

绣袍，肤色白嫩，根本就不像在室外干活的人。武丁生气地训斥了大臣一番："傅说本是身着布衣，你们不到百姓中去找，反而欺骗本王，这不是有违天命吗?再若如此就罪加三级。"

大臣们见君王动怒，都不敢再冒名顶替了。只好派特使到处打听，张贴傅说的画像。几乎走遍了全国各地，最后在傅岩这地方找到了正在做苦工的奴隶傅说。特使躬身施礼道："小臣尊大王之旨，前来寻找大贤人，请随我回京听命。"

傅说早已得知武丁做了国君，一直还保留那段美好的回忆。但自己是奴隶，根本不敢奢望能见到国君，更不敢想会得到国君的重用。一时间有些不知所措，只好坐着特使们的车子来到都城。

武丁亲自召见了傅说，一见果然是以往敬佩的老朋友，心花怒放。但还不敢表露出来，只好连连点头说："嗯，这正是我梦中先王推荐给我的大贤人，快快请去沐浴更衣。"等傅说换上官服后，武丁请他进入内殿，二人畅叙离别之情。傅说谈了许多治国的方略，令武丁十分钦佩。

◎殷墟出土窖穴◎

◎商代玉戈◎

第二天，武丁召集各方大臣，宣传说上殿，宣布解除他的奴隶身份，任命他为相国。然后举行了盛大的宴会，为傅说的到来而庆贺。

此后，傅说殚精竭虑、鞠躬尽瘁地为国操劳，仅仅三年的时间，就使商朝国富民强，盗贼绝迹，外族臣服。

武丁任人唯贤，不以尊卑论英雄，因而成为一代贤君。孟子在他那段"天将降大任于斯人也，必先苦其心志，劳其筋骨，饿其体肤，空乏其身"的著名论断中，列举了几个突出的事例，"傅说举于版筑之间"，指的就是武丁选贤。

◎殷墟：商代祭祀建门的时候杀的奴隶◎

武乙射天

　　商朝存国近六百年，前三百年就如海上的一叶扁舟那样摇摆不定，动荡不安，都城迁了五次之多。直到盘庚继位，他痛定思痛，定都于殷（今河南安阳），国势才算稳定下来。武丁（武乙的曾祖父）在位时励精图治，使商朝国势达到极盛。等到武乙继位，此时国势虽说有点衰败的苗头，但大体还算稳定，既无大的天灾，也无剧烈人祸。另外，武乙的个人品行也无可挑剔。他的曾孙纣王酒池肉林，荒淫无度，残暴不仁，算是给"无道"下了最好的注脚。可武乙身上却没有这些恶行劣迹。

　　商王武丁第三子，商朝第25位国王祖甲去世后，儿子廪辛继承王位。廪辛名先，有的古书上写作"冯辛"，他只知田猎游玩、纵情享乐，是个短命的商王，在位只有四年就病死了。死后，因儿子年龄尚幼，王位由弟弟康丁继任。康丁名嚣，古书中多误写为"庚丁"。因"康"与"庚"字形相似，而庚字又常出现在商王的称号中。其实，"庚"是干支，"丁"也是干支，商王中没有把两个干支合在一起作称号的。康丁也是一位只知享乐的商王。甲骨卜辞中，有大量关于他田猎游乐的记载。康丁在位仅仅八年，也因纵欲过度而过早地结束了生命。

　　康丁去世，儿子武乙继承王位。武乙名瞿，即位后，决心整顿军队，加强武备，用武力去征服那些叛乱的方国。他曾经用重兵去征伐西部以旨方为代表的叛乱国族。据卜辞记载，武乙征伐旨方，一次就俘虏了两千人。除了对西部的叛乱方国进行征伐外，武乙还向南方讨伐地处今湖北秭归的归伯。由于武乙的兵威，四周各方国都臣服于商朝，商王朝的统治暂时处于稳定状态。

◎商代玉鹰◎

　　武乙时期，商王朝与西边周族的关系有了进一步的发展。还在武丁征伐鬼方时，周族就曾派出小部队协助配合，立了大功，受到武丁的赏赐。当时周族早已臣服于商，经常要勤劳王事，向商王进贡龟甲、牛和女奴。武丁妃子中有一个叫"妇周"的，就是周族进献的美女。武乙时期，周族首领公亶父迁居到岐邑，开始发展壮大。武乙为了笼络周族，命公亶父为诸侯，赐以岐邑之地。武乙后期，周族在公亶父之子季历的带领下，发展生产，加强军事训练，进一步强大起来。商王武乙为表示对周的恩宠，特授给周侯季历征伐大权。

◎商朝铜壶◎

　　季历在商王的支持下，曾经向东伐程，其地在今陕西咸阳市。周军经过小战，一举攻克。过了几年，季历又北征义渠，其地在今甘肃泾川一带，又取得大胜。周军活捉了义渠首领，获得了很多俘虏和战利品，周国在西北的声威大振。但季历对商王也不敢怠慢，特意带了贡物来朝见商王。此时武乙已把国都由殷即今河南安阳市迁到沬邑，后来称为"朝歌"，即今河南淇县。武乙对季历来朝给以隆重的接待，给季历赐地三十里，贵重玉器十件和马八匹。

　　武乙依靠军事力量征服了西部地区不服王命的方国，周侯在战胜周围的一些方国、部落后仍不得不向商王朝贡。武乙慢慢滋长了骄傲狂妄的情绪，以为自己十分能干，而上帝没有什么了不起。他为了打破对上帝天神的迷信，加强自己的王权，便命令工匠雕刻了一个木偶，称之为"天神"。武乙把这个木偶安置在宫廷中，要与他进行投掷游戏。木偶怎能投掷，于是让人代为进行。那代投的人怎敢与商王比高低，只有乱投认输。这样，"天神"在游戏比赛中连连败北，武乙就命人当众羞辱他，甚至用竹条、木棍抽打他，以示天神的笨拙无能。在旁的贵族官吏吓得面如土色，只敢在心中责骂这个"无道之君"。

◎商朝玉戈◎

　　一不做，二不休，武乙又命工匠缝了个皮革袋，里面装满牛羊血。皮袋挂在宫廷外广场一根很高的木杆上，自己就拉起弓

128

箭，仰天而射。武乙把这个行动称为"射天"。当然，皮囊很快被射破，鲜血从皮囊中直淌下来。武乙便在下面拍手大叫："看，天也被我射得流血了。可见天神不中用！"在场的人看着他狂妄的行为，敢怒而不敢言。

武乙自从当众羞辱作为"天神"的木偶后，更加肆无忌惮。就在周侯季历来朝、武乙赏赐给他宝玉骏马的第二年，季历击败了西落鬼戎，俘虏大小头目二十个。捷报传来，武乙兴奋不已，率领一队人马向西打猎，以示庆祝。他越跑越远，一直跑到了今陕西境内的黄河和渭水之间。有一天，武乙正在一座山上打猎，忽然下起了雷阵雨。武乙的衣服都淋湿了，还没来得及躲避，就被一个暴雷击中，当场死亡。

武乙炫耀武力，做出了侮辱"天神"和"射天"的行为。一些有迷信思想的人都说，武乙被雷击死，是他侮慢天神的报应。这当然是没有科学根据的说法。可作为品性还说得过去的君王，武乙为什么会做出这样奇怪的事情呢？

有人认为，这可能与王权与神权之间的斗争有关。在商汤建国时，神权制约着王权。当时大旱五年，经占卜得知：只有以商王作为祭品方可求得雨水。汤也只好剪掉头发、指甲，穿白衣乘白马，只身入桑林祈求甘霖。后来虽然没丢了性命成为祭品，可王权之受制于神权，却不言而喻。

作为上帝的代言人，巫史的权力很大，帝太戊、帝祖乙时，巫咸、巫贤都曾位居相位，权重一时。武丁在位时，王权得到增强。武乙的行为可能就是王权的展示。但加强王权的行为自然遭到重神权的史官巫师的反对，武乙的非正常死亡被说成因"无道"而遭天谴也就不难理解了。

◎商朝青铜饕餮杯◎

◎商朝玉虎◎

文王访贤

◎周文王◎

盘庚死后又传了十一个王，最后一个王叫做纣（zhòu）。纣原来是一个相当聪敏，又有勇力的人。他早年曾经亲自带兵和东夷进行一场长期的战争。他很有军事才能，在作战中百战百胜，最后平定了东夷，把商朝的文化传播到淮水和长江流域一带。在这件事上，商纣是起了一定作用的。但是在长期战争中，消耗也大，加重了商朝人民的负担，人民的痛苦越来越深了。

纣和夏桀一样，只知道自己享乐，根本不管人民的死活。他没完没了地建造宫殿，在他的别都朝歌（今河南淇县）造了一个富丽堂皇的"鹿台"，把搜刮得来的金银珍宝都贮藏在里面；他又造了一个极大的仓库，叫做"钜桥"，把剥削来的粮食堆积起来。他把酒倒在池里，把肉挂得像树林一样。他和宠姬妲己（妲音 dá）过着穷奢极欲的生活。他还用各种残酷的刑罚来镇压人民，凡是诸侯背叛他或者百姓反对他，他就把人捉起来放在烧红的铜柱上烤死。这叫做"炮烙"（luò）的刑罚。

纣的残暴行为，加速了商朝的灭亡。这时候，在西部的一个部落却正在一天天兴盛起来，这就是周。

周本是一个古老的部落。夏朝末年，这个部落在现在陕西、甘肃一带活动。后来，因为遭到戎、狄等游牧部落的侵扰,周部落的首领古公亶父(亶音dǎn)率领周人迁移到岐山(今陕西岐山县东北)下的平原定居下来。

到了古公亶父的孙子姬昌(后来称为周文王)继位的时候,周部落已经很强大了。周文王是一个能干的政治家,他的生活跟纣王正相反。纣王喜欢喝酒、打猎,对人民滥施刑罚。周文王禁止喝酒,不准贵族打猎,糟蹋庄稼。他鼓励人民多养牛羊,多种粮食。他还虚心接待一些有才能的人,因此,一些有才能的人都来投奔他。

周部落强大起来,对商朝是个很大的威胁。有个大臣崇侯虎在纣王面前说周文王的坏话,说周文王的影响太大了,这样下去,对商朝不利。

纣王下了一道命令,把周文王拿住,关在羑里(在今河南汤阴县一带,羑音yǒu)地方。周部落的贵族把许多美女、骏马和别的珍宝献给纣王,又送了许多礼物给纣王的亲信大臣。

纣王见了美女珍宝,高兴得眉开眼笑,说:"光是一样就可以赎姬昌了。"立刻把周文王释放了。

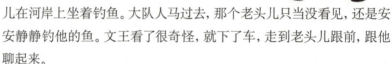

周文王见纣王昏庸残暴，丧失民心，就决定讨伐商朝。可是他身边缺少一个有军事才能的人来帮助他指挥作战，他暗暗想办法物色这种人才。

有一天，周文王坐着车，带着他儿子和兵士到渭水北岸去打猎。在渭水边，他看见一个老头儿在河岸上坐着钓鱼。大队人马过去，那个老头儿只当没看见，还是安安静静钓他的鱼。文王看了很奇怪，就下了车，走到老头儿跟前，跟他聊起来。

经过一番谈话，知道他叫姜尚（又叫吕尚，"吕"是他祖先的封地），是一个精通兵法的能人。

文王非常高兴，说："我祖父在世时曾经对我说过，将来会有个了不起的能人帮助你把周族兴盛起来，您正是这样的人。我的祖父盼望您已经很久了。"说罢，就请姜尚一起回宫。

那老人家理了理胡子，就跟着文王上了车。

因为姜尚是文王的祖父所盼望的人，所以后来叫他太公望；在民间传说中，叫他姜太公。

太公望是周文王的好帮手，他一面提倡生产，一面训练兵马，周族的势力越来越大。有一次，文王问太公望："我要征伐暴君，您看咱们应当先去征伐哪一国？"

太公望说："先去征伐密须。"有人反对他，说："密须国君厉害得很，恐怕打不过他。"

太公望说："密须国君虐待老百姓，早已失去民心，他就是再厉害十倍，也用不着怕。"

◎西周古方尊◎

周文王发兵到了密须，还没开战，密须的老百姓先暴动了，他们绑着密须的国君归附了文王。

过了三年，文王又发兵征伐崇国（在今陕西省沣水县）。崇国是商朝西边最大的一个属国。文王灭了崇国，就在那里筑起城墙，建立了都城，叫做丰邑。没过几年，周族逐渐占领了大部分商朝统治的地区，归附文王的部落也越来越多了。

前徒倒戈

"前徒倒戈",说的是公元前11世纪商朝末年的一次奴隶大起义。这件事发生在"武王伐纣"的战争中。据专家考证断定,武王克商发生在公元前1046年。

◎周武王姬发陵◎

在商朝最后一个国王商纣王统治时期,属国周的首领武王姬发率领兵车300辆,虎贲3000人,甲士4.5万人,联合了许多方国和部落,东进伐纣。商纣王闻讯非常惊慌。这时商朝的主要兵力正在东南战场全力征伐东夷,一时调不回来。于是,他把大批奴隶和从东南夷捉来的大批战俘武装起来,开赴前线。两军在离朝歌(今河南淇县)70里的牧野(今淇县以南卫河以北地区)摆开了战场。

商纣王把由奴隶组成的大军摆在前面,要他们与周的军队先接战,把"正规军"摆在后面督战。可是两军刚一接触,商军前阵的奴隶兵突然掉转戈头,发动了阵前起义,商军顿时大乱。周武王指挥周军乘势前进,几十万商军土崩瓦解。商纣王自焚而死。周军进占朝歌,商朝就

◎文王庙◎

此灭亡了。这就是历史上著名的"牧野之战"。

在牧野之战中，为什么会出现奴隶"倒戈"现象呢？这是商朝阶级矛盾发展的必然结果。在商朝奴隶制国家里，奴隶主贵族凭着手中掌握的权力，对奴隶进行残酷的剥削和压迫。他们把奴隶当做牲畜一样赏赐和屠杀。奴隶主贵族在祭祀鬼神和祖先时，经常用奴隶作为

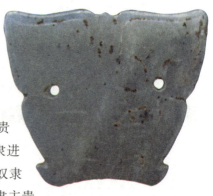

◎西周白玉兽头牌◎

牺牲品，同牛、羊、猪、狗并用，最多的一次竟然屠杀上千人。奴隶主贵族死了，也要杀死大量奴隶去殉葬。在安阳小屯侯家庄发掘的殷陵，每个大墓殉葬奴隶都有四百多人，5个大的墓，殉葬奴隶就达两千多人。奴隶主不仅生前压榨奴隶，还梦想着自己死后继续奴役他们。

这种鲜血淋漓的阶级压迫，引起了奴隶的强烈反抗，奴隶们经常

◎武王庙◎

以逃亡和暴动的方式进行反抗斗争。每一次奴隶逃亡，都使奴隶主丧失了一批劳动力，奴隶主称之为"丧众"。甲骨文里还有很多"告众"和"途众"的记载。"告众"，就是奴隶主向鬼神报告奴隶暴动的事发生了，并乞求他们快来保佑。"途众"，就是奴隶主出兵去镇压奴隶起义。这些记载虽然简单，却反映了奴隶们不畏强暴，奋起反抗的斗争精神，反映了当时阶级矛盾的尖锐化。到商纣王统治的时候，这种矛盾更加激化了。

商纣王，原名受。他在历史上对我国东南地区的经营有过一定贡献，但他比他的先辈更加暴虐。他荒淫好色，喜欢饮酒作乐，经常和奴隶主贵族"以酒为池，悬肉为林"，"为长夜之饮"。他

© 牧野大战武王率军立誓地 ©

发动的一系列战争，消耗了大量的人力和物力，更加重了人民的负担。所以，阶级矛盾达到空前尖锐的程度。人民反抗的强烈呼声"如蜩(条)如螗(唐)，如沸如羹"，整个商朝就像蝉在烈日下鸣叫，像锅里滚热的汤一样沸腾。"小民方兴，相为敌仇。"奴隶的反抗越来越激烈了。同时，商纣王又以强凌弱，欺压臣服于商的属国，这些属国纷纷起来反抗商朝的压迫。周武王就是在这样的形势下，打起了伐纣的旗号向商朝进攻的。

周是商朝西部的一个属国。经过太王、王季、文王的苦心经营，国力强大，开始与商朝抗衡。文王死后，他的儿子武王继位。在商朝危机四伏之时，周武王联合那些反商的属国，向商朝进攻。商朝的奴隶兵见到周军到来，认为这是自己获得解放的机会，所以纷纷倒戈，为推翻商王朝而战。周武王借着奴隶们的力量，灭了商朝，建立了周朝。奴隶们的反抗斗争是推翻商王朝的决定力量。商朝被推翻后，新建立的周朝仍然是奴隶制国家，奴隶们盼望解放的愿望落空了。但是，他们没有屈服，又不断地展开反抗新贵族剥削和压迫的斗争。

前有商汤灭夏，现有武王伐纣，集荒淫残暴于一身的商纣王形象很大程度来自于晚明的章回小说《封神演义》。

商纣王无道，奴隶倒戈，夏王朝的历史又一次重演。牧野一战，周军彻底击败了商纣王，战况空前惨烈。文献用"血流漂杵"四个字来形容。

周武王礼遇三仁

◎周武王◎

由于受神魔小说《封神榜》的影响，我们对武王伐纣的情节印象深刻，同时也记住了神乎其神的姜子牙。史书上还记载了武王礼遇三仁的故事。

殷帝乙的长子微子是纣王同父异母的哥哥，纣王继承王位后，荒淫无道，微子劝谏无用，担心灾祸不远，求教于太师、少师是以死殉国还是远离京师，太师道，如果他死，国能大治，才死无遗憾，如果死了，不能改变什么，就不如离国出走。微子以为言之有理，离国而去。

箕子也是纣王同父异母的哥哥，见纣王使用象牙筷而知祸不远矣，多次劝纣王不起作用，有人劝他出走，箕子说身为臣子，谋而不听即出走，那是彰显主上的过失，取悦于愚民，不忍心。于是他披头散发装疯，纣王不动心，将其囚禁。

王子比干是纣王的亲戚，见微子出走，箕子装疯，不禁感叹，认为应该劝谏至死以明志，后惹怒纣王，被其开膛剖心。

武王伐纣取胜，礼遇三仁，修整比干的坟墓，表彰其忠肝义胆，释放微子，恢复其身份和地位，从牢里释放了箕子，并登门访求治国之道，封箕子于朝鲜，不以普通臣子待之。

◎西周玉牌饰◎

　　礼遇三仁的故事其实是周武王以殷治殷，分而治之，安抚殷商遗民的办法，周武王有一代名君的风范，并且有卓越的政治和军事才能，又能够知人善任，姜太公钓鱼的故事至今被人津津乐道。在古代，每个有才能的人都希望能够遇上一位像周武王这样的明君，而帝王也希望能够有姜太公这样的人来辅佐其成就大业。各取所需，各得其所，这样的君臣是最好的君臣。可惜这样的例子太少了，这不，历史后来就让屈原从反面印证了这个道理。

◎比干像◎

周公辅成王

◎周成王◎

周公制定"周礼"，进行"礼治"。胡适说："周公是周帝国的一个最伟大的创造者。"他奠定了周王朝的政治框架。五经之一的《书经》中，有关西周的政治文献有不少出自他手。他因为不惧流言，忠心耿耿地辅佐成王而被尊为上古的八位圣人之一，受到后人的纪念。

周武王建立了周王朝以后，过了两年就害病死了。他的儿子姬诵继承王位，这就是周成王。那时候，周成王才十三岁，再说，刚建立的周王朝还不大稳固。于是由武王的弟弟周公旦辅佐成王管理国家大事，实际上是代理天子的职权。历史上通常不称周公旦的名字，只叫他周公。

周公的封地在鲁国，因为他要留在京城处理政事，不能到封地去，等他的儿子伯禽长大了，就派伯禽代他到鲁国去做国君。

伯禽临走的时候，问他父亲有什么嘱咐。周公说："我是文王的儿子，武王的弟弟，当今天子的叔叔，你说我的地位怎么样？"伯禽说："那自然是很高的了。"周公说："对呀！我的地位确实很高，但是我每次洗头发的时候，一碰到急事，就马上停止洗发，把头发握在手里去办事；每次吃饭的时候，听说有人求见，我就把来不及咽下的饭菜吐出来，去接见那些求见的人。我这样做，还怕天下的人才不肯

成语典故

披肝沥胆：披：披露；沥：往下滴。比喻真心相见，倾吐心里话。也形容非常忠诚。唐代黄滔《启裴侍郎》："沾巾堕睫，沥胆披肝，不在他门，誓于死节。"宋代司马光《体要疏》："虽访问所不及，犹将披肝沥胆，以效其区区之忠。"

◎西周青铜器◎

链接 <<<

宗周：宗周即镐京，与丰京合称丰镐。周文王将都城从岐邑迁至丰，周武王又迁都于镐。丰京是宗庙和园囿的所在地，镐京为周王居住和理政的中心。镐京又称宗周，据《长安志》卷二引皇甫谧《帝王世纪》解释为："武王自鄷居镐，诸侯宗之，是为宗周。"

到我这儿来呢。你到了鲁国，不过是个国君，可不能骄傲啊！"伯禽连连点头，表示一定会记住父亲的教导。

周公尽心尽力辅佐成王，管理国事，可是他的弟弟管叔、蔡叔却在外面造谣，说周公有野心，想要篡夺王位。纣王的儿子武庚虽然被封为殷侯，但是受到周朝的监视，觉得很不自由，巴不得周朝发生内乱，重新恢复他的殷商王朝，就和管叔、蔡叔串通一气，联络了一批殷商的旧贵族，还煽动东夷中几个部落，闹起叛乱来。

武庚和管叔等人制造的谣言，闹得镐京也沸沸扬扬，连召公奭听了也怀疑起来。成王年少不大懂事，更闹不清是真是假，对这位辅佐他的叔父也有点信不过。

周公心里很难过，他首先与召公奭披肝沥胆地谈了一次话，告诉召公奭，他绝没有野心，要他顾全大局，不要轻信谣言。召公奭被他这番诚恳的谈话感动，消除了误会，重新和周公合作。周公在安定了内部之后，调动大军，亲自率领大军东征。

这时候，东方有几个部落像淮夷、徐戎等，都配合武庚，蠢蠢欲动。周公下令给太公望，授权给他，各国诸侯有不服周朝的，都由太公望征讨。这样，由太公望控制了东方，他自己全力对付武庚。

◎西周晚期青铜器◎

费了三年的工夫，周公终于平定了武庚的叛乱，把带头叛乱的武庚杀了。管叔一看武庚失败，自己觉得没有面目见他的哥哥和侄儿，上吊自杀了。周公平定了叛乱，把霍叔革了职，给蔡叔办了一个充军的罪。

在周公东征的过程中，一大批商朝的贵族成了俘虏。因为他们反抗周朝，所以叫他们是"顽民"。周公觉得让这批人留在原来的地方不

中国通史故事 夏·商·西周

大放心；同时，又觉得镐京在西边，要控制东部的广大中原地区很不方便，就在东面新建一座都城，叫做洛邑（今河南洛阳市），把殷朝的"顽民"都迁到那里，派兵监视他们。

从此以后，周朝就有了两座都城。西部是镐京，又叫宗周；东部是洛邑，又叫成周。

周公辅佐成王执政了七年，总算把周王朝的统治巩固下来，他还为周朝制定了一套典章制度。到周成王满二十岁的时候，周公把政务交给成王管理。

从周成王到他的儿子康王两代，前后约五十多年，是周朝强盛和统一的时期，历史上叫做"成康之治"。

链接 <<<

召公奭：召公奭，姬姓，名奭(shì)，周王室的宗亲，生卒年不详，高寿大岁数，卒于周康王二十六年。因最初采邑在召（今陕西岐山西南），人故称召公或召伯。周武王灭掉商纣王以后，把召公封在北燕，是后来燕国的始祖。

周成王时，他曾任太保，与周公旦分陕而治，陕以西的地方归他管理。召公把他的辖区治理得政通人和，贵族和平民都各得其所，因此深受爱戴。传说他曾在一棵甘棠树下办公，后人为了纪念他，舍不得砍伐此树，《诗经·甘棠》就是为此而写的。

142

分封诸侯

周武王灭商以后，建立了周朝，定都于镐京(今陕西西安)，因为这地方在东都洛邑(今河南洛阳)的西边，历史上称为西周。

武王死后，年幼的成王即位，由武王的弟弟周公姬旦辅政。这时，武王的另外几个弟弟管叔、蔡叔、霍叔等对此不满。商纣王的儿子武庚便趁机串通管叔等人，联合了东方的徐、奄、蒲姑等国发动了叛乱。周公率兵东征，经过3年时间，平定了叛乱，杀掉武庚和管叔，流放了蔡叔和霍叔，扩大了周朝的统治区域。周王朝的势力南至长江以南，西至甘肃，东北至辽东，东到山东，成为一个强大的国家。

为了加强统治，周初统治者实行了"封诸侯，建同姓"的政策，把周王室的贵族分封到各地，建立西周的属国。相传从武王开始到周公、成王统治时期，先后封了卫、鲁、齐、燕、宋等71个诸侯国。其中，周王朝的同姓贵族55人，其余是有功的异姓贵族。如周公的儿子伯禽，分得"商奄之民"和"殷民六族"作为奴隶，建立鲁国；武王的弟弟康叔，分得"殷民七族"作为奴隶，建立卫国；周朝开国功臣姜太公分封到山东半岛，建立了最大的齐国；纣王的哥哥微子因为归顺了周朝，也得到商丘一带的封地，建立了宋国。这些封国，实质上是一种比较原始的部落殖民。在当时，"封邦建国"对维护周朝统治起到了促进作用。

同时，周公还"制礼作乐"，用"礼治"来巩固政权。所谓"礼治"，就是君、臣、父、子各有名分；贵贱、上下、尊卑、亲疏都有严格的区别。

◎玉戚◎

"礼治"的制定，"礼仪"的实行，有利于稳定当时的统治。刑法的制定则从强制的一面来巩固统治。"礼治"属于"王道"，刑法则是"霸道"。"王""霸"两道为历朝统治者同时使用，以维护他们的政权。

西周的统治者，把社会的政治、经济组织和宗族系统紧密地结合在一起，确定了一套比商代更系统的宗法制度。在周王分封的诸侯国内，诸侯是大宗，诸侯的余子分封到各采邑为卿大夫，叫小宗。卿大夫在采邑内又养着许多士。王位、诸侯国君位、卿大夫的职位，都由各自的嫡长子世袭继承。分别嫡、庶，是奴隶主贵族防止内部争权夺利的一种办法。奴隶主凭借特权，实行着多妻制，为了限制诸多儿子间的争权夺利，规定在众多的妻子中，只有一个正妻，叫嫡妻。嫡妻生的儿子叫嫡子；其余的妻叫庶妻，生的儿子叫庶子。周礼规定嫡妻所生的长子有最大的特权。因此，贵族的嫡长子总是不同等级的大宗，庶子总是小宗。每一等级的上下关系都是大宗和小宗的关系，而各个等级都要受周王的领导和指挥。这样，便保证了奴隶主贵族间亲者永远亲，贵者永远贵，可以世世代代居于统治地位。

按照这种制度，诸侯要定期朝见天子，贡献财物，服从天子的指挥调遣。卿大夫对诸侯也有类似的义务，形成了"王臣公，公臣大夫，大夫臣士"一套亲疏贵贱森严、控制严密、一级隶属一级的等级制度。这种制度，确定了王室和诸侯、诸侯和卿大夫之间的政治等级关系，加强了王室对诸侯以下各级贵族的控制。

在此基础上，西周的统治者还制定了许多礼节，如吉礼(祭祀)、凶礼(丧葬)、宾礼(朝见或诸侯国之间的往来)、军礼(兴师动众)、嘉礼(饮酒、宴会、结婚、成年)等等。在不同的等级之间有不同的礼节。这些"礼治"的表现形式，叫做"仪"。

©西周中期山形冠俑©

这些等级虽然很森严,但是不同等级的贵族都属于奴隶主阶级。制定这些等级制度,主要目的是加强对奴隶阶级的专政。在各等级贵族的下边,还压着一个没被列为"等"的,却是一个人数最多的阶级——庶人。

◎西周鱼形佩◎

"庶人"是处于社会最底层的广大生产奴隶。他们本来是历史的创造者,可是在当时却处于最卑贱的地位。奴隶主贵族根本不拿他们当人待,经常把他们当做礼物成百上千地互相赠送。在西周的市场上,除了可以买卖生活必需品外,还设有专门买卖奴隶的地方。奴隶的价格很低贱,贵族们只要用一匹马加一束丝就可以换五个奴隶。不仅如此,奴隶主还用严刑酷法任意处罚和杀戮奴隶。

奴隶制国家的刑法是很严酷的。西周统治者为了镇压奴隶的反抗,制定了五刑,据说内容有3000条。五刑,有墨刑(在脸上刺字)、劓刑(割掉鼻子)、刖刑(把脚砍掉)、宫刑(男子割去生殖器,女子破坏生殖机能)、大辟(杀头)。

这些刑法是专门为奴隶设置的,奴隶主贵族却可以逍遥法外。因为当时的刑法规定,各种刑都可用钱赎买,贵族犯法只要出些钱就可以赎罪。礼和刑的区别,明确地反映出两个阶级的对立。正如《礼记·曲礼》上所说的,这叫"礼不下庶人,刑不上大夫"。

◎西周青铜器◎

井田制

在我国古代的奴隶社会里，实行着土地国有，即奴隶主贵族所有的"井田"制度，它是奴隶社会的经济基础。这一制度从夏代开始，经过商代、西周，一直到春秋末年才遭到破坏，大约延续了一千五六百年。我国古代的文献，对西周所实行的井田制，记载最为完整。

那时候，西周的国王，把全国土地宣布为自己所有，即所谓："普天之下，莫非王土"。然后再以国家最高统治者的名义，把一定范围的土地，包括山林、河泽、城邑以及人民，一起分赐给自己的臣下和诸侯。在分赐土地的时候，还举行一种"授土授民"的仪式，表示把这一地区正式交给被封者去统治。得到封地的诸侯（诸侯也叫"公"），实际上构成一个独立的封国。公把自己封国内土地的一部分，再赏赐给自己的宗族和亲信——大夫，作为世袭领地，叫做"采邑"。得到"采邑"的大夫，要把收获的一部分以纳贡的形式交给上级（公）。就这样，由分封而来的各等级土地占有者，构成奴隶主阶级。

周朝施行井田制，既作为诸侯百官的俸禄等级单位，又作为控制奴隶的计算单位。井田制下的土地一律不准买卖，只能由同姓依照嫡庶的宗法关系去继承。耕种井田的农业奴隶也随着土地同属于奴隶主阶级所有，终生不得离开土地，更不准转业。

所谓"井田"，就是具有一定规划、亩积和疆界的方块田。长、宽各百步的方田叫一"田"，一田的亩积为百亩，作为一"夫"，即一个劳动力耕种的土地。井田规

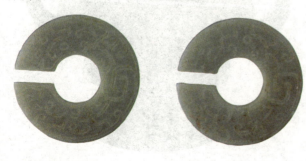

◎西周玉玦◎

划各地区不一致。有些地方采用十进制，有些地方则以九块方田叫一"井"。因为把九块方田摆在一起，恰好是一个"井"字形，井田的名称就是这样来的。一井的面积是方一"里"；一百井是方十里，叫一"成"，可容纳九百个劳动力；一万井是方百里，叫一"同"，可容纳九万个劳动力。

在井田的田与田、里与里、成与成、同与同之间，分别有大小不同的灌溉渠道，叫遂、沟、洫、浍；与渠道平行，还有纵横的通行道，叫径、畛、途、道。各种渠道的大小、深浅和通道的宽窄，都有一定的规格。

西周的各级统治者把井田分为3类。他们各自把其中最好的部分（即位于河流附近、背山向阳的平展土地）成千块、上万块地留给自己，叫"公田"。因为公田的面积很大，所以也叫"大田"，驱使奴隶集体耕种。把距城市较近的郊区土地，以田为单位分给和统治者同族的普通劳动者耕种。这部分人因为住在"国"（即城市）里，叫"国人"。国人不负担租税，只负担军赋和兵役。他们平时每年向国家交纳一小罐米和一

◎西周玉牌饰◎

捆牧草，作为军费。战时当兵，自己准备武器、粮食和军需。国人有当兵和受教育的权利，所以也叫"武夫"或"士"。他们受的教育主要是军事训练和学习礼仪。这部分人是奴隶社会里的普通平民。他们表面上不受剥削，是自食其力的劳动者。但是，奴隶社会的掠夺战争是十分频繁的。他们经常被征调去打仗，自己家里的田园都荒芜了，因而破产负债。打了胜仗，掠夺来的土地和财富全归统治者所有；如果打了败仗，还有被俘沦为奴隶的危险。因此，国人的地位是动荡的。

奴隶主把距城市较远、土质瘠薄的坏田，分给住在野外的奴隶——庶人。庶人因住在野外，所以也叫"野人"。奴隶主阶级瞧不起他们，认为他们最愚蠢，所以也管他们叫"氓"。庶人没有任何权利，只有给奴隶主耕种井田和服其他杂役的义务。他们每年要先在奴隶主的大田上劳动，然后才准许去耕种自己作为维持最低生活的那一小块土地。因此西周时期"国""野"对立，既是城乡对立，也是阶级对立。

春天到来，农事季节开始了，大批庶人被一起驱赶到奴隶主的"公田"上去。天刚一亮，奴隶主指派的官吏（"里胥"和"邻长"）就分别坐在村口，清查出工的人数。晚间收工时也如此。早在冬天备耕的时候，就由"里宰"根据劳动力的身体强弱、年龄长幼，把每两个人搭配在一起，叫做"合耦"。两个人一对，一起劳动叫一"耦"。这种耕种方法叫"耦耕"。在大奴隶主的公田上，有成千上万耦的劳动者。他们在田官（"田峻"）的监视下劳动，有时候奴隶主头子本人（"曾孙"）也亲自去田里监督。秋天，奴隶主大田上的收获，多得像小岛，像山丘，要准备好成千仓，上万箱去收藏。冬天农闲季节，奴隶们还要给奴隶主修房、打草、搓绳和做其他杂役。妇女要为奴隶主采桑、养蚕、纺纱、织帛、做衣裳、缝皮袍，从白天干到半夜。奴隶主怕他们偷懒，还要把他们集中到一起，既省灯火，又便于监督。那时候，庶人的生活是极其困苦的。

握发吐哺

"周公吐哺，天下归心。"曹操《短歌行》里这两句诗表达了他对周公这位古代圣贤的景仰。

周公姓姬名旦，是周文王的儿子，武王的弟弟。武王伐纣，建立周朝以后，只在位两年就去世了，而成王尚在襁褓之中，就由周公承担起辅佐成王摄政的职责。周公一方面要平定商朝残余势力勾结管叔、蔡叔发动的叛乱，一方面又要为建立周朝的礼乐制度殚精竭虑。他日理万机，忙得连洗头发的时间都挤不出来。但他礼待贤士，广纳群言，毫无倦色。一天，他刚把头发放到水里，顿时觉得暖融融的温水滋润着疲惫的头脑，真舒服啊！古时男人的头发很长，难得有这样舒适的享受，他真想多泡一会儿。可就在这时，听到近侍报告："外面有客人求见，说是来反映有关诸侯国的情况。"

周公急忙说："快快有请，我马上就来。"于是把头发从水中提起来，擦了擦就盘到头上来迎接客人。客人向他介绍了东方诸侯国的政治、经济、文化等各方面的情况，为周公治理诸侯国提供了可靠的信息。

周公送走了客人，就立即将一些重要的情况记录下来，记完以后才想起头发还没洗完呢，于是又重新把头发解开放到水里，刚洗了一会儿又听到仆人来报：又有人求见，说是有关治国的建议，这样的人，您见不见？"

周公毫不犹豫地说："见！见！有请！有请！"就又把头发提起来，握了握水，去见客人。来人向周

◎西周早期利簋◎

公阐述了音乐在移风易俗方面的作用，建议广泛搜集各地民歌，以了解民情，发展文化，使周公深受启发。在和客人的交谈中，头发中的水珠不断地流到他的脸颊上，他不时用手去擦。客人见周公如此繁忙，也不忍心长谈，几次提出告辞，可周公硬是叫他将所说的话和所想的建议都讲出来，才送客人离去。

因为天气寒冷，没擦干的湿头发，只一会儿功夫，就变得冰凉，这才使周公想起头发还没洗完，就又急急忙忙跑去洗头，不多时，又听仆人报告："有一个说是从发洪水的地方远道而来的客人求见，正在客厅等候。"

周公就这样再一次中断洗头，来听取客人的意见。

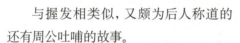

与握发相类似，又颇为后人称道的还有周公吐哺的故事。

◎西周人纹璜◎

有一次，周公在吃饭，他很少能按时吃顿饭，今天正好胃口不错，烤熟的羊肉在几案上散发着香味，可刚刚吃上几口，就有仆人报告："有个从西戎来的人说有要事求见。"周公连忙将刚放到嘴里的羊肉吐回碗里，匆匆地跟着仆人去见客人。二人交谈了好长时间，等到客人走后，周公才觉得自己的肚子咕咕地叫，想起自己的饭还没有吃完，等回到饭桌前，饭菜都已凉透了。仆人们只好为他重新加热一遍，桌上又散发出阵阵香味。

◎西周方鼎◎

"又有客人在外面恭候。"仆人又来报告。周公只好又吐出刚放进嘴里的肉块去见来人。就这样他一顿饭也要多次被中断，反复加热，原有的香味也荡然无存了；有时对谈论的话题着了迷，也就忘记了吃饭。

孔子老年时曾慨叹地说："久矣，吾不复梦见周公！"可见这位圣人对周公制礼作乐，是多么钦佩。直到今天，"一沐三握发，一饭三吐哺"的敬贤之风，依然是许多仁人志士心向往之的。

剡子扮鹿取奶

　　远在两千多年以前的周朝，在北方有一个偏僻的小山村，村中住着一个叫剡子的少年。

　　剡子个儿虽然不高，却很勇敢机智，又特别孝敬父母，村里的大人、小孩都十分喜欢他。

　　剡子常常对村里人说："父亲、母亲生养了我，把我养大不容易，我要像父母爱我那样爱他们。"剡子不仅是这样说的，也是这样做的。

　　剡子家十分穷困，全靠父母日夜操劳，一家人才勉强得以温饱。岁月不断流逝，剡子的父母渐渐老了，二老的身体越来越不如以前了。随着剡子一天天长大，他越发变得懂事了，知道自己应该为父母分忧。

　　他每天天刚蒙蒙亮就起床，帮助父母担水、做饭、打扫院落。侍候父母起了床，一家人吃完早饭，他背着绳索，拎着斧头上山去打柴。

　　剡子进了大山，凭借着矫健、灵巧的身子，爬上大树，抡起斧头使劲地砍起树杈，斧砍树木的响声在大山里回荡。

　　山野里，有一群鹿惊奇地瞧着剡子，剡子友好地向鹿群招招手，学一声鹿鸣。由于他学得极像，同鹿成了好朋友。

　　常年的劳累使剡子父母的身体越来越弱了，二老的眼睛都快失明了，这下可急坏了剡子。剡子到山里为父母采来各种药材治病，总不见效。

　　一天，剡子的父亲说："我很小的时候，吃过鹿奶，鹿奶的味道很不错，听说对人的眼睛也有好处。"母亲也补充说："我也听老一辈的人说，鹿奶对人很有滋补

◎西周鸟形佩◎

作用。"父母那么想吃鹿奶，上哪儿去弄呢?聪明的剡子突然想起了山间林子里的那群鹿。如果自己装扮成小鹿去采奶，母鹿一定肯帮忙的。剡子为自己想出这个主意而高兴。他没有对父母讲，怕父母不让他去。他来到村里一户猎人家，向猎人借了一张鹿皮。

　　第二天，剡子提着一个小罐，拿着鹿皮进山了。进了林子，他老远就看见了那群鹿，他把鹿皮蒙在身上，装成一只小鹿，混进了鹿群。他爬到一头母鹿身边，用手轻轻地往小罐里挤奶。因为剡子的动作轻柔，母鹿还以为是一头小鹿在吸奶，于是驯服地让剡子挤，剡子终于挤满了一罐奶。为了不让鹿群发现，他仍然爬行着离开了鹿群。

　　剡子回到家中，高兴地让父亲喝他带回的新鲜的鹿奶。父母问他是从哪儿弄来的，剡子这才把自己装扮成小鹿挤鹿奶的事告诉他们。父母很担忧，劝他以后不要再去了。剡子却说:"只要二老身体一天天好起来，我吃点苦不算什么!"

　　从此，剡子一次次地进入深山老林，混进鹿群去挤奶。一天，他混在鹿群中，刚挤了半罐奶，突然听到一阵急促的马蹄声。鹿群四散逃走，只剩下剡子装扮的小鹿原地不动。

　　原来，是猎人们围猎，来到山林，猎人们拈弓搭箭，刚要射，剡子急忙掀掉鹿皮，站起来说:"别射! 我是人!"他把为父母挤鹿奶的事告诉了猎人。猎人们大吃一惊，并为剡子孝敬父母的精神所感动。一时间剡子扮鹿取奶孝双亲被传为佳话。

◎西周土圭◎

周昭王南征荆楚

◎周昭王◎

楚国是西周侯卫统治下的"南国"之一。商末周初,鬻熊举族投周之后,楚与周王室的关系一般是良好的。周武王死,子成王立,"人或谮周公,周公奔楚"。后来,流言澄清,周公又回去了。周康王时,楚与周关系亦属正常。《左传·昭公十二年》记楚灵王语:"昔我先王熊绎与吕伋、王孙牟、燮父、禽父并事康王。"究其原因,一是周楚同源(周人,姬姓,传说是帝喾之后),鬻熊臣周,奠定了友好关系的基础。二是周初克殷,后又周公东征,足见殷商残余势力与东方方国部落一直叛周抗周,周王朝不得不全力东向,重点打击东方方国部落。三是楚人辟在蛮荒之地,势弧力单,只得卑事周天子,当然不会引起周王室的重视。

但是,"周之宗盟,异姓为后",楚是周王朝的异姓国,一开始就受到周天子的歧视,甚至在诸侯盟会上,都没有与盟的资格。周王室对齐、晋等诸侯国均有赏赐,而楚国则无。时过五百多年,楚人对此仍耿耿于怀,愤愤不平。如春秋中后期,楚灵王就说先王熊绎与齐、晋、鲁、卫等国君一样并事周康王,四国可得珍宝之器,而楚国则没有,因此要与周王室"求鼎以为分"。右尹子革告诉他:"齐,王舅也;晋及鲁、卫,王母弟也。楚是以无分,而彼皆有。"这种建立在"亲亲"、"尊尊"的宗法等级基础上的主从关系，必然产生深刻的矛盾，从而导致征服和反征服战争。事实上，早在周初，周王室为了加强对楚国和荆楚地区庸、卢、彭、濮等方国势力的控制，在

汉东就分封了一些姬姓国，在南阳盆地，又有申、吕等姜姓国(姻亲国)。楚国慑于周王朝的强大，不得不进贡苞茅等物，表示臣服。

周成王、周康王时期，东都洛邑建成，东西连成一片，长达千里以上，初步巩固了对"东土"的统治。周共王时，楚国一方面卑事周王室，一方面筚路蓝缕，辛勤开发，国家已呈勃兴之势。所以到周昭王时期，周、楚关系开始紧张起来了，周昭王集中全力，打击楚国。据陕西扶风

出土的《墙盘》铭文记载："弘鲁召(昭)王，广笞荆楚，唯狩南行。"可见周昭王亲领军队南征，声势浩大。另据《竹书纪年》记载，周昭王攻楚，主要有三次：

第一次，周昭王十六年(约公元前985年)，周昭王"伐楚，涉汉，遇大兕"。这次，一般认为其时与上述《墙盘》记载相同。周昭王领军渡过汉水，深入荆楚一带。渡汉水时还遇见"大兕"。(兕，古代犀牛一类动物。《左传·宣公二年》："犀兕尚多。")

第二次，周昭王十九年(约公元前982年)，周昭王派祭公辛伯攻楚，"天大曀，雉兔皆震，丧六师于汉"。这次渡汉水时，阴风骤起，气候恶劣，将士惊恐，军队大部丧失。这次失败归咎于天时不利。

第三次，"昭王末年，夜清，五色光贯紫微，其王南巡不返"。此年，据鲁纪年推算，当为周昭王二十四年(约公元前977年)。这次攻楚，周昭王全军覆没，周人讳言此事，模糊地说"南巡不返"。周昭王死因，《史记正义》引《帝王世纪》说："昭王德衰，南征，济于汉，船人恶之，以胶舟进王。王御船至中流，胶液船解，王及祭公俱没于水中而崩。"这里说的"船人"，就是楚人起而抗周，设计献胶粘接的船只，船驶至中流，胶液融化，船只解体，周昭王及其部众溺水而死。屈原在《天问》中写道："昭后成游，南土爰底。厥利惟何？逢彼白雉？"周昭王屡次南征，当然不是为了贪求什么利益，而是由于楚国的勃兴，引起周天子的惊恐，不得不领兵亲征，企图遏制楚国的发展。

周昭王攻楚及其败亡，是我国历史上一件大事。此后，周王朝由盛而衰，楚国则日益发展壮大，逐步走上与周王室分庭抗礼的道路。

◎西周鱼形佩◎

链接 <<<

竹书纪年：战国时魏国史书，亦称《汲冢纪年》《汲冢古文》或《汲冢书》。晋太康二年(281)，一说咸宁五年(279)或太康元年，汲县(今河南卫辉西南)人盗掘当地古墓，发现了一批写在竹简上的古书。盗墓者"不以为意，往往散乱"，并烧竹简照取宝物，后来官府前往，又"收书不谨，多致落残缺"。《竹书纪年》是其中较完整的一种。

《竹书纪年》凡十三篇，叙述夏、商、西周和春秋、战国的历史。按年编次。周平王东迁后用晋国纪年，三家分晋后用魏国纪年，至"今王"二十年为止。荀勖等整理时，据《竹书纪年》本书和战国时赵国史书《世本》，纠正《史记》的错误，认为"今王"是魏襄王，古墓即魏襄王的坟墓。当时和峤认为《纪年》起自黄帝，这个意见未被全部采纳，可能仅将记载黄帝以来史事的残简作为该书的附编收入。

周穆王西征北伐

周穆王是周朝第五代王，名姬满，是我国历史上最富有神话色彩的君王之一。传说他享寿105岁，在位时间约为55年（公元前976年-前922年），一说（公元前1001年-前947年）。根据卫辉市西战国墓出土的《穆天子传》记载，周穆王喜好游历，曾于穆王十三年至十七年驾八骏之乘驱驰九万里，西行至"飞鸟之所解其羽"的昆仑之丘，观黄帝之宫。又设宴于瑶池，与西王母诗歌相和。据现代学者考证，周穆王西游之地应是里海黑海之间的旷原，这是中国与西域进行交流的最早历史记载。

周穆王致力于向四方发展，曾因游牧民族戎狄不向周朝进贡，两征犬戎，获其5王，并把部分戎人迁到太原（今甘肃镇原一带）。还东攻徐戎，在涂山（今安徽怀远东南）会合诸侯，巩固了周在东南的统治。并制定墨、劓、膑、宫、大辟5刑，其细则竟达3000条之多。后世流传穆王西征的故事，如晋朝汲冢出土战国竹简《穆天子传》所载，反映了当时穆王意欲周游天下，以及与西北各方国部落往来的情况。

关于他的神话传说，尚见于先秦史书及六朝志怪小说。《列子·周穆王》记载："穆王不恤国是，不乐臣妾，肆意远游，命驾八骏之

乘……遂宾于西王母，觞于瑶池之上，西王母为天子瑶，王和之，其辞哀焉。"《太平御览》卷七四引《抱朴子》："周穆王南征，一军尽化。君子为猿为鹤，小人为虫为沙。"

周穆王时期，国力强盛，周王朝在西部的影响已扩展到很远的地区。穆王又致力于向东南方发展，通过巡游，使许多地方国家部落归顺于周的统治，对周的巩固和发展具有积极意义，但同时也导致了朝政的废弛。

穆王好大喜功，曾因游牧民族戎狄不向周朝进贡，西征犬戎。东方的徐国率领九夷侵扰周朝边境，穆王通过联合楚国的力量，平定了叛乱。周穆王是个大旅行家，喜好游山玩水。据说他以造父为车夫，驾着8匹千里马，带着7队选拔出来的勇士，携带供沿途赏赐用的大量珍宝，先北游到今天的内蒙古境内，再折向西巡，游览了今天新疆境内的许多名山大川，传说到了昆仑山西王母国，受到西王母的隆重接待。周穆王曾登山眺望远景，在山顶大石上，穆王刻了"西王母之国"五个大字，作为纪念。然后，穆王继续西进到大旷原，捕猎了许多珍禽异兽后，返程东归，回到洛阳。穆王西巡历时两年多，行程三万五千多里，是历史上的伟大壮举，沿途所经邦国，都受到了当地人民的热情接待。

©青铜象尊©

链接 <<<

《穆天子传》：西周的历史神话典籍之一。西晋初年，在今河南汲县发现一座战国时期魏国墓葬，出土一大批竹简，均为重要文化典籍，通称"汲冢竹书"。竹简长二尺四寸古人，每简四十字，用墨书写。其中有《穆天子传》、《周穆王美人盛姬死事》后合并为至今流传的《穆天子传》，由荀勖校订全书六卷。

《穆天子传》是一部记录周穆王西巡史事的著作，书中详载周穆王在位五十五年率师南征北战的盛况，有日月可寻。名为传，实际上属于编年，其体例大致与后世的起居注同，所以《隋书·经籍志》、《新唐书·艺文志》都把它列入史部起居注门。关于《穆天子传》的真伪问题，几经争辩，仍是不解之谜。

共王灭密与夷王烹齐哀公

◎西周龙纹璜◎

　　穆王在位五十五年崩，终年105岁，子共王繄扈继位。周共王，也称恭王，在历史上没有留下很多记载，唯一的一笔就是他灭密的故事。共王初即位，游于泾上，密康公（密国的国君，密，国，康公，号，密国姬姓，与周同姓）给共王伴游。结果路上发生了艳遇，有三个女子自愿献身于密康公，密康公大概是觉得很自豪，认为自己的男性魅力明显高于周王，女子们不投入周王的怀抱而投奔自己，就要收纳这三个女子。密康公的母亲劝说他："必致之于王。夫兽三为群，人三为众，女三为粲。王田不取群，公行下众，王御不参一族。夫粲，美之物也。众以美物归女，而何德以堪之？王犹不堪，况尔小丑乎？小丑备物，终必亡。"大意就是周王都没有美女投怀，你一小国国君敢驳周王的面子？快快把美女献给周王吧。密康公不从。一年后，共王灭密。但是还不能确定说共王灭密一定是因为怀恨在心，挟私报复，共王或许是有自己的政治需求才灭密的。

　　共王崩，子懿王囏立。懿王在历史上也没留下什么记载，《史记》简单地写了句：懿王之时，王室遂衰，诗人作刺。根据这句话，《诗经》里应当对懿王有相关的记载，但没有查到。懿王崩，共王弟辟方立，是为孝王，孝王本是懿王叔，懿王死后，本应是太子燮（后来的夷王）继位，燮为人懦弱，孝王夺其位而为王。孝王在位时间很短，六年即病故。

孝王时，做了一件对后来很有影响的事情，那就是封了秦邑(十里为邑)给秦人的祖先非子，使复续嬴祀。秦人始祖伯翳(也称伯益)在帝舜时辅佐禹治水有功，又善畜牧，为舜主畜，牲畜繁衍广盛，帝舜因此赐姓为嬴。嬴氏在夏桀之时，其人费昌去夏投商，为汤御(御者在上古是个很重要的职位，嬴氏的另一支赵人的祖先造父也是以为周穆王御而被封的)，在商汤灭夏的鸣条之战中立有功劳，后来嬴氏在商世有功劳，为殷商世代防御西垂，至纣王时，蜚廉、恶来父子俩在纣王庭居于高位，武王伐纣，二人为周所杀，嬴氏才没落下去。恶来这一支传下来就是秦人，非子就是这一支，非子因善牧马而被孝王封于秦，这是秦的由来。另外，蜚廉除了恶来外，还有一个儿子叫季胜，季胜这一支传下来至造父，造父为穆王御，平徐偃王有功，而封于赵，这是赵的由来。因此，秦、赵称为兄弟之国，其祖恶来、季胜为同父兄弟。

孝王病死后，众臣立懿王太子燮，是为夷王。夷王即位后，周室余威虽仍在，但王室已经开始衰落，有些诸侯并不向周王朝贡，开始互相征伐了。

夷王做了一件让天下轰动的事情，将齐哀公给烹了。齐太公吕尚百余岁死后，传丁公、乙公、癸公，至哀公。齐国在哀公时，还没有后来桓公时那样的大国气象，哀公即位后，又被称为"荒淫田游"，可能也不是很大的事情，也许不过是偶尔出去打了几次猎，踏了几次青而已，"淫"并不是指淫乱，而是指喜好的意思。在齐国边上，有一个邻居纪国，实力也比较强，纪国的国君纪侯朝贡时向周夷王添油加醋这么一说，说齐国国君多么多么不好，怎么怎么荒淫，结果周夷王就信了，将齐哀公给烹了，这是一件很让齐国丢国格和面子的事情，但是当时周室余威尚在，齐国也还没有强大到像后来郑庄公那样因为周桓王失了点礼就敢派兵去割周王的麦子，又敢和桓王兵对兵、将对将刀枪相见，还一箭将桓王的肩膀都射伤了。齐人当时只有忍气吞声，另立哀公弟胡公。哀公去世百余年后，齐襄公才终于将纪国灭了。

夷王在位，周室渐衰，到后来，诸侯已经不来朝见，开始相互攻伐。

国人暴动

公元前841年，是我国历史上有确切纪年的开始。这一年，发生了一次具有重大历史意义的革命事件，西周都城镐京的"国人"发生暴动，赶走了周厉王。它成为西周衰落的转折点。

周厉王姬胡，是个暴虐的君主。他为了搜刮民财，实行独占山林川泽的"专利"政策。这样一来，限制了占"国人"多数的平民的谋生出路，引起了极大的民愤。

周厉王采取高压手段，派人监视"国人"的活动，禁止"国人"谈论国家政事，违反的人就杀头。但是，恐怖手段只能见效一时。"国人"表面上沉默了，但内心更加愤恨。周厉王却得意忘形，对人说："我的办法消除诽谤了！"

他没料到，沉默的火山爆发了。以共伯和为首的贵族联合"国人"，包括王宫所属的工匠、卫兵全都参加暴动。周厉王仓皇出逃，渡过黄河，奔匿到彘(今山西霍县)，后来就在这个地方死去。他的儿子姬静躲藏到召公家里。"国人"包围了召公的住宅，要杀死周厉王的儿子。召公无可奈何，将自己的儿子交出来，冒充太子姬静，才算了事。"国人"推举共伯和"摄行天子事"，历史上称为"共和行政"。从此以后，周天子在诸侯中的控制权开始动摇了。

"国人"暴动说明西周阶级矛盾的尖锐化。周

◎西周龙纹人形佩◎

朝长期的战争，频繁的徭役，加重了平民的负担。他们经常发出愤愤不平的呼声："官差不得息，庄稼种不成，饿死爹娘谁来问？"

平民的处境如此艰难，奴隶们的生活就更悲惨了。白天，奴隶主驱赶他们到田野里，在监工们的鞭子下和斥骂声中像牛马一样地劳动；夜晚，还要给奴隶主搓绳子，捻麻线，从事副业生产。一年到头，无论烈日炎炎，还是寒风刺骨，天天都要给奴隶主干活。奴隶们自己却吃不上，穿不暖。古书上说："无君子莫治野人，无野人莫养君子"，反映出奴隶和奴隶主之间对立的关系。

西周社会的奴隶毫无人身自由，奴隶主贵族把他们像牲畜一样买卖和转让。据西周时期的一件青铜器《大盂鼎》上的铭文记载，周王赏赐给一个名叫盂的贵族各种奴隶竟达1700多人。还有一个《曶(忽)鼎》的铭文记载这样一件事：有一个叫匡季的奴隶主抢了曶的十姊禾。曶告发了他，而且打赢了官司。匡季给他5个田，一个"众"和三个"臣"的奴隶，作为赔偿。更为残暴的是让奴隶殉葬，这种现象普遍地流行于西周社会。考古工作者在陕西沣水西岸的西周早期小墓中，发现有9个墓全用奴隶殉葬。其中较大一点的墓，可能是地位较高的奴隶主贵族，殉葬的奴隶竟有4人。可以想象，周天子和各国诸侯的墓葬中，殉葬奴隶的数目会相当惊人。

受尽苦难的奴隶们，怀着刻骨的仇恨，无情地揭露奴隶主贵族的罪行，猛烈地抨击他们不劳而获：

奴隶们啊，把檀树

◎西周鸟形佩◎

◎西周凤鸟纹青铜器◎

"防民之口，甚于防川，川壅而溃，伤人必多。"这句经典的政治箴言，出自周厉王的大臣召公虎之口，厉王不肯听从，终酿大祸。

国人暴动，标志着西周走向衰落，平王东迁则标志西周的灭亡。所谓东周，名存而实亡。

砍,

砍下来的木材堆积在河滩,

河水清清起波澜。

耕种收获你全不管,

凭什么千万捆的粮食都往你家

搬?

出狩打猎你从来不干,

凭什么你家满院挂猪獾?

那些个大人先生啊,

谁说不是白白吃闲饭!

◎西周青铜器◎

这首《诗经》里的伐木歌对奴隶主的控诉是多么深刻啊!

在奴隶主层层控制下,奴隶们经常用怠工、破坏生产工具等方式进行斗争,一有机会便设法逃亡。当时有个奴隶主和别人发生纠纷,出去打官司。他回家一看,几百个奴隶全跑光了。西周末年,奴隶的数目大量减少。周宣王执政时,曾经进行一次大检查,但检查也不能阻止奴隶们的反抗,奴隶们再也无法容忍下去了。他们说:"老子发誓另找生路,明儿搬家去找乐土。乐土啊乐土,那才是我的安身之处。"在当时的历史条件下,奴隶们的"乐土"只不过是空想,但是,追求自由的理想激励着他们不停地战斗。

◎西周人形车饰◎

周宣王死因成谜

　　周宣王是西周第十一位王。姓姬，名静（一作靖），周厉王之子。厉王时国人暴动，大臣召公虎将太子静隐藏在自己家中，被国人包围。召公以己子代替太子，使太子得以脱身。共和十四年（前828年），厉王死于流放地彘(今山西霍县)，大臣拥立姬静为王。宣王即位后，整顿朝政，使已衰落的周朝一时复兴。宣王的主要功业是讨伐侵扰周朝的戎、狄和淮夷。宣王四年（前824年），秦仲为大夫，攻西戎，被杀。宣王又命其子秦庄公兄弟5人伐西戎，得胜。五年，宣王与尹吉甫一起伐猃狁（即西戎）于彭衙（今陕西澄城西北）。尹吉甫在征猃狁战争中率师直攻至太原（今甘肃镇原一带），迫使猃狁向西北退走。对于侵犯江汉地区的淮夷，周宣王命召穆公及卿士南仲、大师皇父、大司马程伯休父等率军讨伐，沿淮水东行，使当地大小方国中最强大的徐国服从，向周朝见。十八年，南仲派驹父、高父前往淮夷，各方国都迎接王命，并进献贡物。其时，宣王还命方叔率师征伐荆蛮（即楚国）。为了巩固对南土的统治，宣王将其舅申伯徙封于谢（今河南南阳）。宣王二十二年，继续西周早年的分封，封其弟友于郑（今陕西华县东）。

　　周宣王五年至三十九年(公元前823－前789年)，宣王命周军于西北(今陕西、山西、甘肃一带)、东南(今江苏、安徽、湖北一带)发动了进攻戎狄和蛮夷的战争。

　　宣王中兴，为时短暂。宣王晚年，周王朝重新出现了衰象。宣王干涉鲁国的君位继承，用武力强立鲁孝公，引起诸侯不睦。三十一年，伐太原戎，三十六年，

©西周青铜器©

伐条戎、奔戎，都归失败。3年后，伐申戎，虽取得胜利，同年却在千亩之战中败于姜氏之戎，丧失了调遣的南国之师。宣王死后子幽王继位，社会矛盾进一步激化，终于导致西周的覆亡。

©西周青铜器©

晚年的宣王渐渐固执己见，听不进去不同政见。为了显示自己的威风，在鲁国选立继承人的时候，他根据自己的喜好，硬逼着废长立幼。鲁人不服，他就兴兵讨伐，使鲁国陷于混乱，这不仅破坏了周朝的嫡长子继承制度，也引起了同姓诸侯间的不睦，使得诸侯们对宣王更加不满。对诸侯尚且如此，对在朝为官的臣下就更加随意，更加蛮横无理了。一次，为了一件小事，大夫杜伯触怒了宣王，被判处死刑。他的老朋友左儒急忙上前劝阻，宣王愤怒地斥责说："在你眼中，只有朋友，没有国君，是何道理？"左儒回答道："国君有理，臣就顺从国君；朋友有理，臣就支持朋友。现在杜伯并没有罪，不该问斩，所以，臣劝谏大王，不要杀杜伯，否则就会枉杀好人。""我偏要杀他，你能怎样？"宣王恼怒地说。左儒接道："臣愿陪杜伯同死。""我偏偏不让你死，看你能怎么办？"宣王说罢，下令左右斩了杜伯。左儒又羞又气，回到府宅后就自刎而死，此事在大臣间引起一片惊恐。

事后，宣王冷静下来，感到自己确实过分了些，暗暗悔恨，又不好意思明说，以致寝食难安，得了一种怔忡症。一次，他带着臣下外出游猎，借以散心。游猎中，他忽然在车上大叫一声，昏迷了过去，医治无效，几天后死去。后来，就流传开一种说法，说宣王打猎时，忽然看见杜伯从路的左边钻出来，身穿红衣，头戴红冠，手持一张红弓，搭上一支红箭，射中了宣王的要害，夺去了他的性命，这自然是迷信的话，但其死因确实可称得上千古之谜了。

©西周青铜器©

链接 <<<

猃狁：古族名。中国古代的一个民族，即犬戎，也称西戎，活动于今陕、甘一带，猃、岐之间。

西周中期以来，随着周王朝实力的削弱，共懿孝夷四王仅能守成，而西北地区的戎狄逐渐兴盛。特别是猃狁，进一步加强对周朝的压力，不时入侵。宣王时期，经过一段时间的积蓄力量，宣王命尹吉甫、南仲等出军征伐猃狁，取得很大胜利。但是，到了周宣王晚年，周王朝又重新出现了衰落的现象。周幽王即位，以好利的虢石父为师，国人皆怨。幽王三年，又改立褒姒美人姒似为后，以其子伯服为太子，这样迫使宜臼逃奔申国，从而激怒了其母舅申侯，联合缯国和西方的犬戎，杀幽王于骊山下，掳褒姒，尽取周赂而去，西周灭亡。

秦仲戍西戎

秦国原来是"附庸"之国。因平王使秦襄公列为诸侯,秦国才成为"诸侯之国"。每逢提到秦国国君,《春秋》都称之为"秦伯",把秦国认定为伯爵之国(司马迁在《史记·秦本纪》之中"秦庄公、秦襄公、秦穆公"等等,都是尊称;应该称为秦庄伯、秦襄伯、秦穆伯等等才对)。

司马迁所根据的史料是《秦纪》。《秦纪》是秦国的官方记载,正如《春秋》是鲁国的官方记载。鲁国不是一个公爵之国,而只是一个侯爵之国。然而《春秋》却尊称鲁隐公、鲁桓公等等,为国"公",不称他们为鲁隐侯、鲁桓侯等等。

鲁国只是一个侯爵国,有《诗经》的《鲁颂·閟宫》篇作为证明:"王曰叔父,建尔元子,俾侯于鲁,大启尔功,为周室辅。"(王,指周成王。叔父指周公旦。元子,指周公旦的大儿子伯禽)

《左传》与《春秋》不同。《左传》不只尊称鲁国的国君为公,而且尊称齐晋秦郑诸国之君为公,一视同仁。《左传》还称楚王与吴王为王,也称越王为王。《左传》不是鲁国的官方记录,也不是为了解释、讲解《春秋》而写的"传"。它原名《左氏春秋》,不是什么《春秋左传》或《春秋左氏传》。

有人说,写《左氏春秋》的人,是卜商(子夏)。吴起把这部书带回到家乡左氏,其后这部书又被吴起的弟子由左氏带到别处。最后,这部书不胫而走,风行全国,被称为"从左氏地方带出来的春秋":《左氏春秋》。

非子封于甘肃天水的秦以后,做过什么事?他的儿子秦侯,孙子公伯,又做过什么事?司马迁都没有交代。可能

《秦纪》对这几位最早的国君，不曾记下什么，只是记下了秦侯在位十年，公伯在位十年（非子在位几年，它不曾说）。于是司马迁就写下："秦嬴（非子）生秦侯。秦侯立十年，卒。生公伯，公伯立三年，卒。生秦仲。"

秦仲在位第三年的时候，周厉王被臣子与国都的人民驱逐，仓皇逃走，去了彘城（山西霍县）。不少诸侯乘机造反，他们不仅仅是反对周厉王一个人。也就是说，他们不仅反周厉王，而且反周。在反对周厉王以后，又反对周宣王。

反周阵营的积极参与者之一是"西戎"。西戎起了兵，灭掉在犬丘的非子老家的若干同族之人。其后，周宣王下命令给秦仲，叫他去打这些吞并犬丘的"西戎"。秦仲为了一雪家仇国恨，欣然应命，去打西戎，却不幸阵亡在战场上。那时候，是他在位的第二十三年。

秦仲留下了五个儿子。周宣王把这五个人都找到周都镐京（在陕西西安的西南），给他们七千名士兵，叫他们去打西戎，为父亲秦仲报仇。他们带着七千士兵打败了西戎，收复了犬丘。周宣王很高兴，封这五个人之中的老大为秦伯，兼所谓"西垂大夫"，把犬丘的地盘也给了他。于是秦国兼有了两个封邑，一在秦（天水），一在犬丘（陕西兴平）。

这一位被封为秦伯兼西垂大夫的，死后被谥为庄公（此处的公字不是公爵）。在历史上，他被称为秦庄公。庄公在位四十四年。以一代的国君而能在位四十四年之久，可见政局甚为稳定，没有动摇其统治基础的严重的内忧外患。庄公的儿子秦襄公，于犬戎及申侯联军进攻周幽王之时，率兵勤王；又在周幽王丢失镐京而死之后，护送幽王的儿子平王离开危险地区，出函谷关，到洛阳去建立新的王廷。

平王提高秦国的地位，把秦襄公由"附庸"之邑主升为"诸侯"，使之与其他的诸侯如晋郑之君平起平坐。平王也把当时尚在犬戎手里的渭水两岸之地，以岐为界，岐以西的地方给秦襄公。平王说："你倘若能收复岐山以西的地方，便把那一片土地给你。"

于是，秦襄公继续对犬戎作

战，打到了岐山附近。秦襄公在位十二年。他的儿子文公在岐山之南、汧水、渭水交汇之处的郿邑，建立新的国都。

秦文公又大举击败了犬戎一次，收复了岐山以东的不少土地，派人去洛阳，把这片新收复的土地献给周朝王廷。

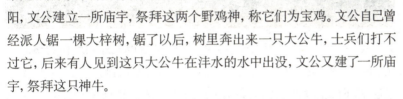

传说，秦文公在位之时，有两件奇怪的事，成为后世的神话。一是在宝鸡县有一名童子，据说他原来是一只母野鸡，化为巨石。另一个童子飞去了南阳，文公建立一所庙宇，祭拜这两个野鸡神，称它们为宝鸡。文公自己曾经派人锯一棵大梓树，锯了以后，树里奔出来一只大公牛，士兵们打不过它，后来有人见到这只大公牛在沣水的水中出没，文公又建了一所庙宇，祭拜这只神牛。

文公在位有五十年之久。文公死后，孙子宁公继位。宁公当时只有十岁。他在位十二年，没有什么值得记载的事。帮他主政的，是他的三个大臣。这些大臣把国都迁到今日岐山县之西的平阳城。他们在宁公去世后，不立他的大儿子而立他年方五岁的小儿子。过了六年，他们又把这小儿子杀了，改立宁公的大儿子。小儿子在史书上被称为"出子"；大儿子被称为武公。

武公在即位的第三年，把当年不肯扶立他而立出子，后来又杀了出子的那三位大臣，统统杀了，把全部政权掌握在手。此人颇有武功。他灭了郿邑、冀邑的戎，不把郿邑、冀邑分封给部下，而由自己的小朝廷直接管理，称之为县(郿县在今上郿，冀县在今天水)。其后，又把今日西安东南原属于杜伯的地方，与原属于郑伯的今日之华县，也改称县。杜伯与郑伯均在幽王失国、平王东迁之时逃出了函谷关。

武公在位二十年，他死后之所以得

到"武"字的谥号，是因为灭了邦冀之戎，又取得杜郑两地作为秦的领土。他的祖父文公之所以被谥为"文"，不是因为替母野鸡与大公牛建了庙宇，而是因为他提高了秦国民众的文化程度：他创设了史官，开始记载秦国的大事，使得"民多化者"，人民有很多接受了进步的文化。秦是一个以戎人为主体的国家，所谓接受文化，是接受了以周的文物制度为内容的一种比较进步的文化。

武公死后，大儿子未能继位。小儿子迁都到雍城(陕西扶风)，在位两年而死，被谥为德公。德公有什么足以称述的德行，无从考证。他为人或许不错，曾经有梁、芮两个小国的国君来到雍城拜访他(梁国在陕西韩城，芮国在陕西朝邑。梁国的国君赢姓，苗国的国君姬姓)。

也许因为秦的第一代非子是东方人苗裔，东方的商朝，也常常是"兄终弟及"的。然而非子的几个直接继承者，却是以父传子，一脉相承的。从庄公之死到成公之死，时间更长，有120年，而秦国依然存在，并且扩充领土至黄河边上(差不多完全占有渭水两岸。尽管在内政方面，不时有大臣揽权，叔侄争位的现象出现)。

骊山烽火

周宣王死了以后，儿子姬宫涅（shēng）即位，就是周幽王。周幽王什么国家大事都不管，只知道吃喝玩乐，派人到处寻找美女充实后宫。有个大臣名褒珦（bāoxiàng）劝谏幽王，周幽王不但不听，反而把褒珦下了监狱。

褒珦在监狱里被关了三年，褒家的人千方百计要把褒珦救出来。他们在乡下买了一个挺漂亮的姑娘，教她唱歌跳舞，把她打扮得漂漂亮亮的，献给幽王，替褒珦赎罪。这个姑娘算是褒家人，起名叫褒姒（sì）。

幽王得到了褒姒，高兴得不得了，就把褒珦释放了。他十分宠爱褒姒，可是褒姒自从进宫以后，一直郁郁寡欢，没有露出一次笑脸。幽王想尽办法让她笑，但她就是怎么也笑不出来。

周幽王出了一个赏格：有谁能让王妃娘娘笑一下，就赏他一千两金子。

有个马屁精叫虢（guó）石父，替周幽王想了一个鬼主意。原来，周王朝为了防备犬戎的进攻，在骊山（在今陕西临潼东南，骊音lí）一带造了二十多座烽火台，每隔几里地就是一座。如果犬戎打过来，把守第一道关的兵士就把烽火烧起来；第二道关上的兵士见到烟火，也把烽火烧起来。这样一个接一个烧着烽火，附近的诸侯见到了，就会发兵来救。虢石父对周幽王说："现在天下太平，烽火台长久没有使用了。我想请大王跟娘娘去骊山玩几天。到了晚上，咱们把烽火点起来，让附近的诸侯见了赶来，上个大

◎骊山烽火台◎

当。娘娘见了这许多兵马扑了个空，肯定会笑起来。"

周幽王拍手大笑说："好极了，就这么办吧！"

他们上了骊山，真的在骊山上把烽火点了起来。临近的诸侯得了这个警报，以为犬戎打过来了，赶快带领兵马来救。没想到赶到那儿，连一个犬戎兵的影儿也没有，只听到山上传来一阵阵奏乐和唱歌的声音，大伙儿都愣住了。

幽王派人告诉他们说，大家辛苦了，这儿没什么事，不过是本王和王妃放烟火玩儿，你们回去吧！

诸侯知道上了当，憋了一肚子气回去了。

褒姒不知道他们搞的什么名堂，她看见骊山脚下来了好几路兵马，乱哄哄的样子，就问幽王是怎么回事。幽王一五一十告诉了她，褒姒真的笑了一下。幽王见褒姒有了笑容，就赏给虢石父一千两金子。

幽王宠着褒姒，后来干脆把王后和太子废了，立褒姒为王后，立褒姒生的儿子伯服为太子。早先的王后父亲是申国的诸侯，得到这个消息，就勾结犬戎进攻镐京。

幽王听到犬戎进攻的消息，惊慌失措，连忙下命令把骊山的烽火点起来。烽火倒是烧起来了，可是诸侯因为上次上了当，谁也不来理会他们。

烽火台上白天冒着浓烟，

◎毛公鼎◎

172

夜里火光冲天，可就是没有一个救兵到来。

犬戎兵一到，镐京的兵马不多，勉强抵挡了一阵，被犬戎兵打得落花流水。犬戎的人马像潮水一样涌进城来，把周幽王、虢石父和褒姒所生的伯服杀了。那个难得一笑的褒姒，也被抢走了。

到这时候，诸侯们知道犬戎真的打进了镐京，这才联合起来，带着大队人马来救。犬戎的首领看到诸侯的大军到了，就命令手下的人把周朝多少年聚敛起来的宝贝财物一抢而空，放了一把火才退走。

中原诸侯打退了犬戎，立原来的太子姬宜臼（jiù）为天子，就是周平王。诸侯也回到各自的封地去了。没想到诸侯一走，犬戎又打了过来，周朝西边大部分土地都被犬戎占领了。平王怕镐京保不住，打定主意，把国都搬到洛邑去。

公元前770年，周平王迁都洛邑。因为镐京在西边，洛邑在东边，所以历史上将周朝定都镐京的时期，称为西周；迁都洛邑以后，称为东周。

链接 <<<

烽火台：又称烽燧、俗称烽堆、烟墩，古时用于点燃烟火，传递重要消息的高台，是古代重要军事防御设施。烽火台是为防止敌人入侵而建的，遇有敌情发生，则白天施烟，夜间点火，台台相连，传递讯息。

烽火台的建筑早于长城，但自长城出现后，长城沿线的烽火台便与长城密切结为一体，成为长城防御体系的一个重要组成部分，有的甚至就建在长城上，特别是汉代，朝廷非常重视烽火台的建筑。

烽火台一般相距10里左右，明代也有距离5里左右的，守台士兵发现敌人来犯时，立即于台上燃起烽火，邻台见到后依样随之，这样敌情便可迅速传递到军事中枢部门。

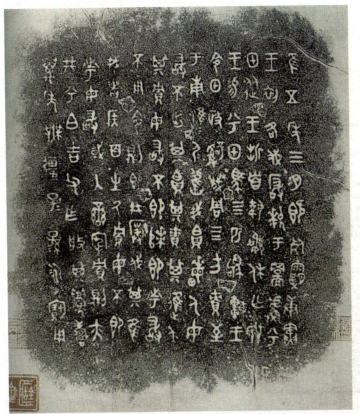

◎宋代出土的周宣王《兮甲盘》◎

《周易》

　　《周易》是一部什么性质的书呢?

　　据说伏羲氏"始作八卦"。伏羲是传说中原始社会渔猎时代的人物。那时候尚未发明文字,人们记事或交流经验,往往用结绳来表示,各种长短不等、结节形状和大小不同的绳子,记录着各种不同的事件,这就是"卦"。人们从日常生活经常接触到的各种自然现象中,如天地日月,风雨阴晴、昼夜寒暑,男人和女人,动物的牝牡,植物叶子的向背等,观察到一切事物都具有阴和阳两种属性。把它用象征性的符号表示出来,就是——(阴)和——(阳)。阴与阳相交感(即爻)就产生新事物。当时人们认为天是万物之父,地是万物之母,是万物产生的总根源,天与地相交,产生山、泽、水、火、风、雷六种基本物质。用符号表示:天是纯阳,符号为☰,专有代词为乾;地是纯阴,符号为☷,专有代词为坤;山是☶,专有代词为艮;泽是☱,专有代词为兑;水是☵,专有代词为坎;火是☲,专有代词为离;风是☴,专有代词为巽;雷是☳,专有代词为震。传说伏羲氏就是以这八种自然物作为最基本物质,认为宇宙间的一切事物都是由这八种自然物相互作用而产生的,这就是"八卦"。

　　到周文王时,他被商纣王囚禁在羑里。周文王为了预卜何时才能脱出囚笼,把"八

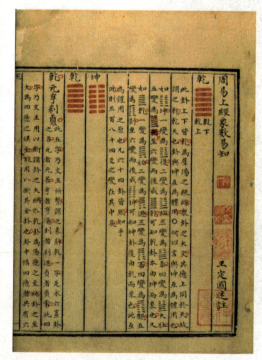

◎《周易》书影◎

卦"相重叠,演化为六十四卦,每一卦有六爻,形成三百八十四爻。文王的儿子周公,在卦和爻的下面,缀上简要的文辞,以记占问的结果,这就是"卦辞"和"爻辞"。由于其中包含着许多不断变化的内容,所以叫《易》,易是变易的意思。因为成书于周朝初年,所以又叫《周易》。

《周易》判断吉凶祸福,是根据上下两卦相重叠时所象征的事物,是否可以相互沟通或感应的原理制定的。一般地说,上下两卦所象征的事物之间,具有交感性质和能够沟通的就是吉卦;不能沟通、不具有交感性质的就是凶卦。例如☲☵(既济)是水在火上。水性润下,火性炎上。从烹调来解释,是用火煮水;从救灾来说明,是水可灭火,都能相互感应,相互作用,可以成就新事物,因此《卦辞》称之为"初吉"。而☵☲(未济)是火在水上。由于火往上炎,水就下湿,双方不能相互感应,所以《卦辞》说是"无攸利"。再如☷☰(泰)是地在天上。宇宙间并不存在这种现象,但《周易》作者认为,天气属阳,阳气上升;地气属阴,阴气下

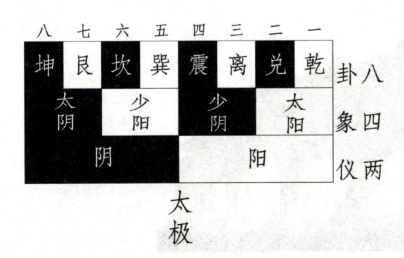

降。地在天上，天地之气就会相互流通、交感，而万物遂得以孕育滋生乃至成长，故为吉卦；而 ☲☲(否)是天在地上。这样阳气向上升，阴气向下降，是"天地不交而万物不通也"，故为凶卦。

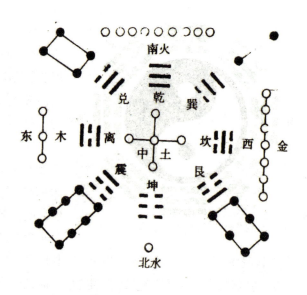

　　《周易》的作者还根据事物外部形象的联系，用自然现象去比附人的行为，或者是把自身行为比附于人事经验，以断定吉凶。例如《乾卦》爻辞说"潜龙勿用"，"飞龙在天，利见大人"。《渐卦》爻辞说："鸿渐于陆。夫征不复，妇孕不育，凶，利御寇。"就是以自然界中的龙、鸿的表现决定人事行动。龙虽然是吉祥物，但潜伏在深水中，并无行动的意思，所以人也不宜行动；龙飞天上则是大吉兆，所以就可以去见"大人"，进行活动了。

　　而鸿本是一种水鸟，在水边才能觅食、顺利生长，鸿离水飞往陆地就不是好兆头，所以丈夫出远门就回不来，妻子怀孕也不能顺利生育，是凶象，但如果防御盗贼则是有利的。再如《需卦》爻辞说："需于沙，小有言，终吉"、"需于泥，致寇至"。需的意思是等待。待于沙上，沙地虽不稳固，但不能伤害人，故只有小小的口舌，最终仍是吉利；而待于泥中，很可能下陷，故可招致灾祸。这就是《周易》判断吉凶的原则与方法。

传说春秋时期，孔子研读《周易》，由于它的文字过于简略、隐秘，难以理解，为了弄清卦爻辞中所包含的内容及其变化规律，写出"彖辞"、"象辞"、"系辞"、"文言"等10篇帮助理解《周易》的文章，叫"十翼"。翼是翅膀，有辅助的意思，说明它是帮助理解卦爻辞的。孔子从自然现象和社会各种事物的发展变化和相互联系、相互制约等方面去理解和说明问题，这就把《周易》从原来作为占验吉凶的卜卦书，发展成为具有科学价值的哲学著作，成为中国古代哲学发展的源头。人们把原来仅有卦爻辞的那一部分叫做"经"，把理解"经"的"十翼"叫做"传"，后人又把"经"和"传"合起来，统称《周易》或《易经》。并把它和《诗》、《尚书》、《礼》、《春秋》等合称"五经"。

大事年表

传疑时代·夏·商·西周 大事年表

约170万年前	云南元谋一带已有人类活动。
约100万年前	蓝田人在陕西蓝田公王岭一带活动。
约70万年前	北京人在周口店一带过着群居的生活。
约10万年前	大荔人、许家窑人发展到智人阶段。
3万年前	山顶洞人在今北京市周口店龙骨山一带繁衍。
6000多年前	以仰韶文化为代表的母系氏族公社进入全盛阶段。
5000多年前	以龙山文化为代表的父系氏族公社高度发展。
黄帝时期	黄帝与蚩尤战于涿鹿之野,杀蚩尤;传说仓颉造文字。
帝尧时期	尧命羲和观测天象,制定历法,以三百六十六日为一年;洪水为患,尧命鲧治理,九年功不成;舜流共工于幽陵,放驩兜于崇山,迁三苗于三危,殛鲧于羽山,作城郭。
帝舜时期	禹治水成功。
约前2100年	禹会诸侯于涂山,以铜为兵,铸九鼎,将全周分为九州,作禹刑。
启时期	启袭禹帝位,有扈氏不服,启伐之,大战于甘;启会各邦国首领于钧台。
太康时期	太康无道失国,死后后羿一度夺取了夏王室的统治权力。
少康时期	少康复国。
桀时期	汤伐夏桀,战于鸣条,夏朝灭亡。
商汤时期	汤盟诸侯于景亳,即天子位,商朝建立。氐、羌来朝。
太甲时期	太甲暴虐,伊尹放之于桐宫,自摄行政。

◎ 盘庚时期	公元前1300年, 盘庚迁都于殷。
◎ 武丁时期 公元前1250年-前1192年, 在位59年	帝辛(纣)伐东夷; 囚西伯昌(周文王)于羑里, 西伯昌演《周易》; 周人建都于镐; 周武王会诸侯于孟津。两年后伐纣, 牧野之战, 商朝灭亡。
◎ 武王时期 前1046年-前1043年	周朝开始。周武王置三监, 分封诸侯; 肃慎贡"楛矢石砮"。
◎ 成王时期 前1042年-前1021年, 在位22年	周公摄政, 三监叛, 周公东征, 平之; 营建东都洛邑(成周); 周成王盟诸侯于岐阳。
◎ 康王时期 前1020年-前996年, 在位25年	周康王盟诸侯于酆宫。
◎ 昭王时期 前995年-前977年, 在位19年	昭王十六年, 周昭王南征楚荆; 十九年, 周昭王丧六师于汉水。
◎ 穆王时期 前976年-前923年, 在位55年	周穆王西征, 北征, 伐徐。
◎ 共王时期 前922年-前900年, 在位23年	周共王当年改元。
◎ 前841年	周厉王暴虐, 国人暴动, 袭击厉王, 厉王出奔于彘; 召公、周公二相行政, 号曰"共和"。这是中国历史有确切纪年之始。
◎ 前828年	厉王死于彘。召公、周公立太子姬静为王, 即周宣王。
◎ 前824年	秦仲伐西戎, 为戎所杀。复召仲子秦庄公伐西戎, 破之。
◎ 前789年	伐姜氏之戎, 战于千亩, 周师败绩。
◎ 前771年	申侯与犬戎攻打周幽王, 杀其于骊山下, 西周亡。申侯、鲁侯及许文公立平王于申, 虢公翰又立王子余臣于携, 周二王并立。